宮廷楽長《カペルマイスター》サリエーリのお菓子な食卓

時空を超えて味わうオペラ飯《メシ》

遠藤雅司
（音食紀行）

春秋社

宮廷楽長《カペルマイスター》サリエーリのお菓子な食卓

時空を超えて味わうオペラ飯《メシ》

はじめに

アントニオ・サリエーリ（1750～1825年）。18世紀後半に、イタリア北部のヴェネツィア共和国に生まれ、数奇な運命と周囲の導き、そして本人の才能と努力により、ウィーンの宮廷音楽の世界に飛び込み、宮廷楽長にまで上りつめた人物です。

モーツァルトのライバルとしても知られるサリエーリ。当時の音楽界ではモーツァルト以上に重要な人物で、当時の総合舞台芸術ともいうべきオペラを合計40作品も作曲し、シューベルトをはじめ数多くの子弟を教育しました。しかし晩年はモーツァルトを毒殺したというあらぬ疑いをかけられ、死後は歴史の闇に葬られてしまいます。およそ1世紀半にわたって、その存在はモーツァルトの影に隠れていましたが、20世紀の後半に映画『アマデウス』で、その存在が再び注目を集めました。さらに近年の日本ではゲームアプリ『Fate/Grand Order』に登場するサーヴァント（キャラクター）として「アントニオ・サリエリ」が出現して、盛り上がりを見せています。

今回、この本を執筆するにあたり、生前サリエーリと親交のあったイグナーツ・フォン・モーゼルによる伝記『アントニオ・サリエーリの生涯と作品について』をはじめ、サリエーリに関する伝記や周囲の人物の証言をもとに、彼の人となりに目を向けてみました。そこから浮かびあがってきたのは、砂糖と砂糖菓子を好んだという、興味深い人物像でした。イタリアとオーストリア、もっと範囲を狭めるとヴェネツィア周辺とウィーンという2つの異なる食文化を経験し、食の大変革が行なわれつつあった18～19世紀を生きたサリエーリ。本書では、そんな魅力的なサリエーリに食という視点から迫っていきます。

本書の各章は、サリエーリや彼を取り巻く関係者の各時代のエピソードと、それにまつわる食文化の歴史を紹介するという構成になっています。年代順の歴史叙述にとらわれず、古代から近代までを自由に移動しながら、サリエーリとともに食文化の歴史的変遷が理解できるようになっています。実際に紹介する料理は次の2種類に分けられます。

1. サリエーリや周囲の人物が実際に食べたもしくは食べたと類推される料理
2. オペラ作品もしくはオペラの原作に登場する料理

そう、本書のもうひとつの目玉が、オペラ作品に登場する料理の数々です。オペラを生き生きとリアルなものとするのに食事シーンは欠かせません。それぞれのオペラで重要な役割を担っている料理の数々を、オペラの舞台となった時代の食文化を紹介しながら、その料理や飲み物が登場する過程とともに描いていきます。たとえるなら、オペラで学べる食べ物と飲み物の歴史といったところでしょうか。

そして、世界の歴史とサリエーリたちの動きがリンクしているのも本書の特徴です。フランス革命などの歴史的事件によって、サリエーリたちがどのような影響を受けたのか、追いかけてみるのもいいでしょう。

また、世間に広く知れ渡っている食に関する伝承についての「豆知識」も随所にちりばめています。耳にタコができるくらい聞いてきた食に関するさまざまな伝承が、本当なのかどうかも検証しています。そちらも箸休めに読んでいただければ幸いです。

そして何より、本書はレシピ本でもあります。実際に現代の家庭で、料理の再現ができます。料理は20品。サリエーリ飯《メシ》が10品、オペラ飯《メシ》が9品。そして、ボーナストラックとして映画飯《メシ》が1品です。

再現料理を作っていただいて、サリエーリ、モーツァルト、マリー・アントワネット、そして弟子のベートーヴェンやシューベルトたちが何を食べていたのか追体験するのもいいですし、本書を読みながら、当時の時代背景はどうだったのかと、サリエーリとゆかいな仲間たちに思いを馳せてみるのも面白いでしょう。

サリエーリを中心に据えた食文化の物語。そろそろ、開演時間となりました。それではお楽しみください。

目次

レシピ集

Recipe

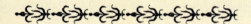

パン・トラヴェルソ
（茶色い全粒粉パン）
Pan traverso

材料　12 個分

全粒粉 ･････････････････ 300g
天然酵母パン種 ･････････ 30g
無塩バター･･････････････ 10g
砂糖･･･････････････････ 20g
塩 ･････････････････････ 5g
オリーブオイル ･･････････ 5g
水 ･････････････････ 180㎖

作り方

❶ 容器に天然酵母パン種とぬるま湯、砂糖ひとつまみを混ぜ、あたたかい場所で発酵を促す（気泡が出てくるのがサイン）。
❷ ボウルに全粒粉、砂糖、オリーブオイルを入れて、❶を加えてこねるように混ぜる。よく混ざったら塩を加え更にこねる。
❸ ❷をこね台に移し、無塩バターを加えて練りこんでいく。
❹ なめらかになるまで 15 分こねる。
❺ ❹をビニール袋で覆い、3 時間ほど発酵させる。
❻ 生地を 12 分割し、丸めなおす。
❼ 細長くひも状にし、めん棒で伸ばしてくるくると巻いていく。
❽ クッキングシートをしいた鉄板に❼を並べ、200℃に余熱したオーブンで 20 分焼いて完成。

＊塩とイーストが直接触れ合うと発酵が進まなくなるので、塩は後から加える。
＊焼き上げたパンを持ち上げてみて軽くなっていれば、火が通った。

第 1 章（p.41）

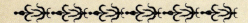

パナダ
（ヴェネツィア風パンのスープ）
Panada

材料　4人分

パン・・・・・・・・・・・・・・・・・100g
ビーフストック（スープ）・・・・・800㎖
ニンニク・・・・・・・・・・・・・・・1片
ローリエ・・・・・・・・・・・・・・・2枚
ローリエ（飾り）・・・・・・・・・・・1枚
オリーブオイル・・・・・・・・・大さじ3
塩・・・・・・・・・・・・・・・・・・適量
チーズ（パルミジャーノ・レッジャーノ）・・・30g

作り方

❶ 鍋にビーフストックを入れ、弱火で15分煮込む。
❷ パンを細かく手でちぎり、❶に加える。
❸ パンが液体を吸収したら、すりおろしたニンニク、ローリエ、オリーブオイルを加え、さらに弱火で15分煮込む。
❹ 塩を加えて味を調える。
❺ 火からおろして、スープ皿に注ぐ。飾りのローリエを真ん中に置き、削ったパルミジャーノ・レッジャーノを上からふりかけて完成。

＊パンは古くなった固めのパンを使うが、なければ通常の食パンや白パン、ライ麦パンでもかまわない。

第1章（p.41）

カパウン
（ローストチキン）
Gebratener Kapaun

材料　4～5人分

鶏肉・・・・・・・ 1kg
バター・・・・・・ 50g
塩　・・・・・大さじ1/2
コショウ・・大さじ1/2

＊串に刺して焼いてもよい。
＊オーブンを使用して、200℃で45分焼き上げてもよい。

作り方

❶ 鶏肉の両面に塩、コショウをしてバットで30分寝かせる。

❷ フライパンにバターを入れ、❶を加え20分中火で全体に焼き色がつくように焼く。スプーンで、鶏肉にバターをまわしかけながら焼く。

❸ 鶏肉を竹串で刺し、火の通りを確かめながら、さらに20分弱火で焼き上げて完成。

第2章（p.57）

＊ 1次史料に忠実に作る場合、スタッフィングにバター 180g を加えて「バター大消費!!!」の体感をしても楽しい。

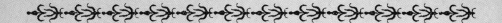

パステーテ
（スズキのパイ包み焼き）
Hechten-Pastete

材料　4人分

スズキ・・・・・・450g	ローリエ・・・・・・2枚	パン粉・・・・・30g
バター・・・・・・・15g	白ワイン・・・・200mℓ	ニンニク・・・・1片
タマネギ・・・・・1個		塩・・・・・1つまみ
塩・・・・・・・大さじ1	◇スタッフィング（詰めもの）	コショウ・・1つまみ
コショウ・・・・大さじ1	卵・・・・・・・・1個	牛乳・・・・・50mℓ
オールスパイス・・5g	バター・・・・・10g	
ジンジャー・・・・10g	ローリエ粉・・・2g	パイ生地
タイム・・・・・・・10g	タイム粉・・・・1g	20cm×20cm・・・1枚

作り方

❶ フライパンにみじん切りにしたタマネギを入れ、バターで炒める。

❷ 鍋にワインを入れスズキの切り身、塩、コショウ、オールスパイス、ジンジャー、タイム、ローリエを入れて弱火で15分煮込む。

❸ スタッフィングを作る。❷のスズキを2/3の量くらい取り出し、包丁で叩いて細かくミンチに刻む。

❹ ❸のミンチをボウルに移し、卵、バター、ローリエ粉、タイム粉、みじん切りにしたニンニクを加えて、かき混ぜながら練り、牛乳に浸してよく絞ったパン粉を全体にまぶす。

❺ 細長い型にパイ生地をしいて、❶のタマネギ、❹のスタッフィング、❸の残りのスズキの切り身、スタッフィングの順で、層になるように詰める。

❻ パイ生地を包んだら、210℃に余熱したオーブンで40分焼いて完成。

第2章（p.57）

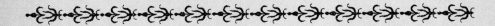

パスティッチョ
（甘いマカロニパイ）
Pasticcio di maccheroni

材料　6人分（直径15㎝用）

マカロニパスタ・・・・・・・・・・150g
塩・・・・・・・・・・・・・・・小さじ2
タマネギ・・・・・・・・・・・・・1個
オリーブオイル・・・・・・・・・大さじ1
チキンコンソメ（固形キューブ）・・・1個
白ワイン・・・・・・・・・・・・・300㎖
卵黄・・・・・・・・・・・・・・・・3個
砂糖・・・・・・・・・・・・・・・・30g
パイ生地　20㎝×20㎝・・・・・　2枚

作り方

❶ 鍋にみじん切りにしたタマネギを入れ、オリーブオイルを加え、15分ほど弱火で炒める。
❷ ❶に白ワインとチキンコンソメを加え、30分弱火で煮込む。
❸ 火からおろしたら、❷からタマネギを取り出して、鍋に溶いた卵黄と砂糖を加えて泡だて器で混ぜる。ソースの完成。
❹ 別の鍋に水（分量外）を入れて沸騰させ、塩を加えたらマカロニパスタを入れ中火で8分ゆでる。
❺ 直径15cmの型を用意し、パイ生地をしき、❸で取り出したタマネギを一番下におき、❹のマカロニパスタをその上にしき、❸のソースを注ぐ。
❻ もう1枚のパイ生地で型に封をして、220℃に余熱したオーブンで20分焼いて完成。

＊チキンコンソメの代わりに鶏肉を使用し、細かくほぐしてパイ生地にしいても良い。

第3章（p.73）

＊生地を混ぜ合わせる際は、牛乳を少量ずつ加えていくのがよい。
＊イタリア語でザレッティ。ヴェネツィア訛りでザエーティとなる。
＊干しぶどう、松の実などは古代ローマ時代から使われていた食材なので、旧来の料理に新食材のコーンミールが加わった一品と言える。

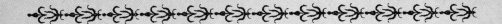

ザエーティ
（コーンミールビスケット）
Zaeti

材料　12個分

薄力粉 ……………… 50g
コーンミール ………… 100g
無塩バター…………… 50g
牛乳…………………… 50mℓ
卵黄…………………… 2個
粉砂糖 ……………… 50g
ベーキングパウダー ……… 1g
干しぶどう …………… 20g
松の実 ……………… 15g
ピスタチオ …………… 15g
塩 ………………… 小さじ1
グラッパ…………… 小さじ2
粉砂糖（完成時）…… ひとつまみ

作り方

❶ 鍋に牛乳と無塩バターを入れ火にかけ、バターが溶けるまで熱する。
❷ ボウルに薄力粉、コーンミール、溶いた卵黄、粉砂糖、ベーキングパウダー、塩と❶を少量加えて混ぜ合わせる。
❸ 混ざったら、また少量の❶を加えて、粗く刻んだ干しぶどう、松の実、ピスタチオとグラッパを入れてさらに混ぜ合わせる。
❹ 生地がまとまったら、ラップに包み、冷蔵庫で1時間休ませる。
❺ 冷蔵庫から❹を取り出し、12等分する。
❻ 1つずつ両手で伸ばし、ラグビーボールやさつまいもなどの楕円形に成形する。
❼ クッキングシートをしいた鉄板に❻を並べ180℃に余熱したオーブンで20分焼く。
❽ 焼き上がったら器に盛り、粉砂糖をひとつまみ全体にまぶして完成。

第3章（p.73）

ブッソライ
（ヴェネツィア風伝統ビスケット）
Bussolai

材料　20個分

薄力粉 ・・・・・・・・・・・・・・ 250g
卵黄・・・・・・・・・・・・・・・ 3個分
砂糖・・・・・・・・・・・・・・・・100g
バター・・・・・・・・・・・・・・・80g
塩 ・・・・・・・・・・・・・・・・・2g
レモン・・・・・・・・・・・・・・・1個

作り方

❶ ボウルに薄力粉、溶いた卵黄、砂糖、溶かしたバター、塩、細かく刻んだレモンの皮を入れて、なめらかな生地になるまでかき混ぜる。
❷ ❶をラップして冷蔵庫で30分寝かす。
❸ ❷の生地を20等分し、それぞれ棒状に細長く伸ばし、リング型に成形する。
❹ クッキングシートをしいた鉄板に❸を並べ、180℃に余熱したオーブンで15分焼く。
❺ オーブンから取り出した後、トレイに置いて粗熱をとって完成。

第3章（p.73）

イチゴのシャーベット

Sorbet à la fraise

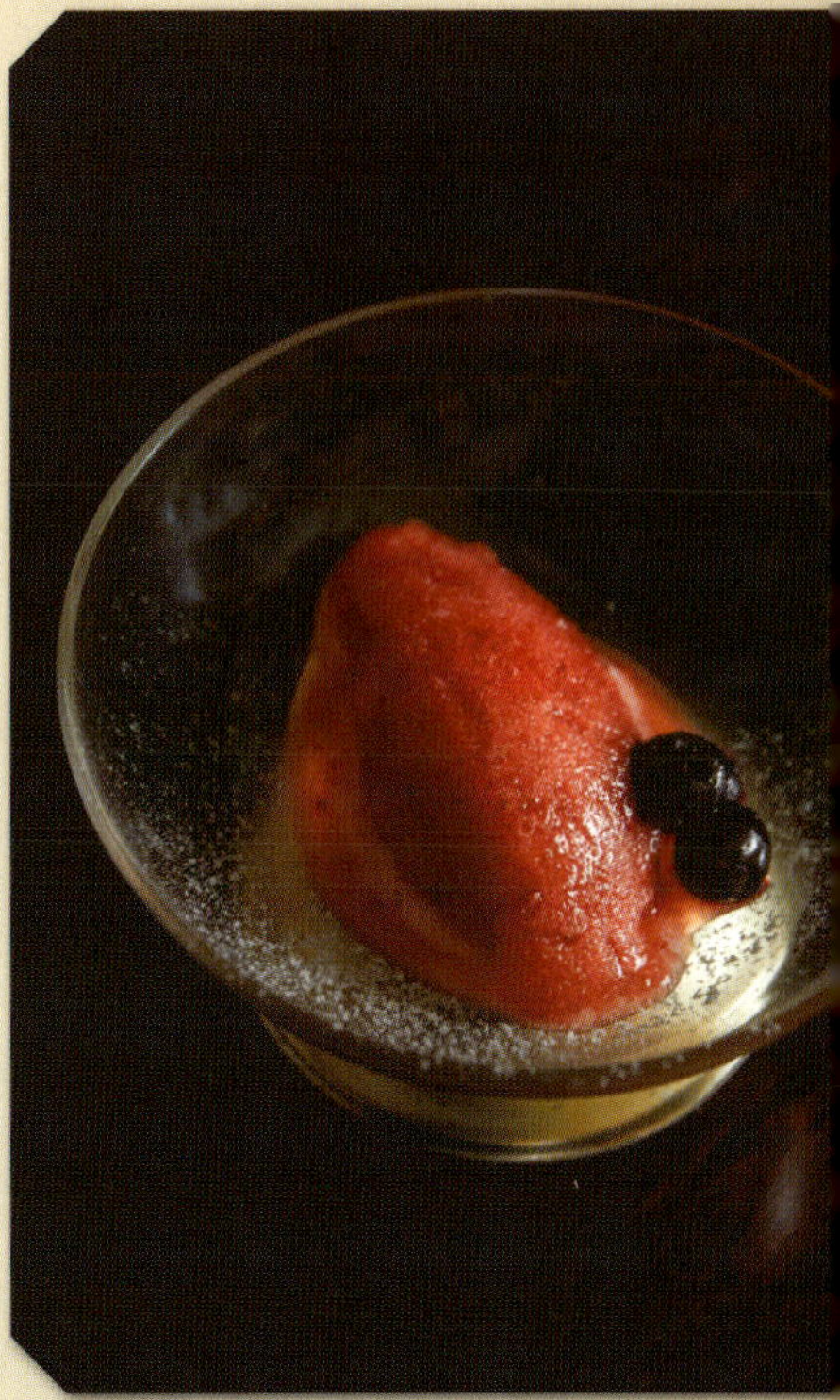

材料　4人分

イチゴ・・・・・・・・・・・・・・・250g
レッドカラント（赤スグリ）・・・・・・50g
砂糖・・・・・・・・・・・・・・・・・50g
水・・・・・・・・・・・・・・・・・500mℓ

作り方

❶ イチゴとレッドカラントをボウルに入れ、すりこぎ棒などで潰す。
❷ 鍋に❶と砂糖と水を入れて、弱火で15分煮込む。
❸ 鍋の中をよくかき混ぜたら、金属容器に移し、冷凍庫で2時間ほど冷やし固める。
❹ 器に盛り付けて完成。

＊1次史料では、「イチゴを半リーブル（約250グラム）、レッドカラント（赤スグリ）半カルトロン（約50グラム）、砂糖半リーブルと水1ショピーヌ（約470ミリリットル）」とあるので、こちらの分量そのままに作って「甘すぎる!!!」体感をしても楽しい。
＊上記の場合、シャーベットを炭酸水で割るのも爽快感と甘みが味わえておすすめ。

第4章（p.89）

古代エジプトの宴

Fête dans l'Égypte antique

材料　4人分

・オリュラ(古代エジプトパンの1種)

テフ粉・・・・・・・・・ 100g
小麦粉・・・・・・・・・ 50g
ドライイースト・・・・・・・ 3g
水・・・・・・・・・・・400ml
無塩バター・・・・・・・・ 5g
ハチミツ・・・・・・・ 大さじ1

作り方

❶ ボウルに材料を混ぜ合わせ、常温で3時間発酵を促す。
❷ フライパンにバターを引き、❶をクレープ状に薄く伸ばして焦がさないように弱火で3分片面だけ焼いて完成。終わったら次のタネを焼く。

＊テフ粉の入手が難しければ、大麦粉で代用してもよい。

・豚の丸焼き

豚肉・・・・・・・・・・・ 1kg
塩・・・・・・・・・・ 小さじ1
オリーブオイル・・・・・ 適量

❶ バットに豚肉の塊をおき、塩を両面にふりかける。
❷ フライパンにオリーブオイルを引き、❶を中火で10分焼く。さいばしなどで転がしながらまんべんなく焼き上げて完成。

・古代エジプト風ビール

ビール・・・・・1缶(500ml)
デーツ・・・・・・・・・・ 20g
サフラン・・・・・ ひとつまみ

❶ 細かく刻んだデーツをすり鉢ですり潰す。
❷ ガラスピッチャーに❶を入れ、市販のビール1缶を注ぐ。
❸ グラスに❷を注ぎ、サフランを1つまみいれて完成。

第4章 (p.89)

フランス風ズッペ
（健康ズッペ）
Französische Suppe, oder Gesundheitssuppe

材料　4人分

ベビーリーフ	40g
ソレル	10g
ロメインレタス	80g
チャービル	10g
ニンジン	1/2本
アスパラガス	80g
ブイヨン（固形キューブ）	3個
水	900mℓ

作り方

❶ ベビーリーフ、ソレル、ロメインレタス、チャービルは手でちぎり、ニンジンは1cm角のさいの目切り、アスパラガスはざく切りにする。

❷ 鍋に水を入れ、ブイヨンを加え軽く沸騰したら、❶の野菜を入れて弱火で30分煮込んだら完成。

＊ソレルはフランス料理に多用される定番ハーブのひとつ。別名すいば。
＊ソレルが見つからなければ、ベビーリーフの量を増やして代用する。

第5章（p.109）

イタリア風
ライスズッペ
（チーズリゾット）
Italienische Reissuppe

材料　4人分

米	300g（2合）	塩	小さじ1
ブイヨン（固形キューブ）	4個	チーズ（パルミジャーノ・レッジャーノ）	50g
水	1.2 ℓ	オリーブオイル	大さじ4

作り方

❶ フライパンに米と、オリーブオイルを入れ、5分弱火で炒める。木べらを使いながら、全体にオイルが回るように混ぜていく。

❷ 鍋にブイヨンと水を入れ、中火で温める。沸騰したら火を止める。

❸ ❶に❷のブイヨンを少しずつ注いで20分弱火で煮込む。

❹ 塩を加えて味を調える。

❺ 火からおろして、パルミジャーノ・レッジャーノを30g加える。

❻ 皿に盛りつけて残りのパルミジャーノ・レッジャーノをふりかけ、残ったブイヨンを少々注いで完成。

＊米はとがずにそのまま加える。
＊20分煮込んでいるときにブイヨンを注ぎ足していく。米が底にくっつかないように木べらを使い、フライパンをふるう。
＊ブイヨンは最後に少し加えるので、リゾットにするときに使いきらないように気をつける。
＊後にチーズをかけるので、気持ち薄めに味をととのえる。

第5章（p.109）

オーストリア風 団子ズッペ

（グリースノッケルンズッペ）

Suppe mit Griesnockerln

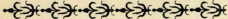

材料　4人分

バター……………… 80g	塩……………… 小さじ1
卵……………… 2個	パセリ……………… 少量
セモリナ粉……………… 150g	ビーフストック（スープ）……… 1ℓ

作り方

◇ノッケルン（小さい団子）の作り方

❶ ボウルに常温に戻したバターを入れ、ふわふわなクリーム状になるまで泡だて器でかき混ぜる。

❷ 溶いた卵をよくかきまぜてから、❶へ加える。

❸ セモリナ粉と塩も❷へ加えて手でよく混ぜ合わせる。

❹ ❸のボウルにラップをかけて30分寝かせる。

❺ 両手もしくはスプーンを使って❹のタネを細長い楕円形に成形する。

❻ ❺をバットに10分寝かせる。

❼ 鍋に水（分量外）を入れて沸騰させたら、❻を20分弱火で茹でる。

❽ ❼からノッケルンを取り出す。

◇ズッペの作り方

鍋にビーフストックを入れ、弱火で15分煮込む。

◇ノッケルンとズッペを合わせて

スープ皿にビーフストックを注ぎ、ノッケルンを2、3個入れ、パセリを上から散らして完成。

＊１次史料では、「160gの新鮮できれいなバター、全卵4、卵黄2、大さじ10杯（＝150g）の粗挽きの粉」とあるので、こちらの分量そのままに作って「カロリー爆弾!!!」を体感しても楽しい。

第5章（p.109）

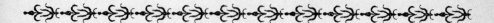

チョッコラッテ

（ホットチョコレートドリンク）

Cioccolatte

材料　2人分

カカオマス	50g
水	150ml
牛乳	50ml
砂糖	大さじ1
シナモン粉	小さじ2
バニラビーンズ	少量
チリペッパー（コショウで代用可）	ひとつまみ
クローブ	小さじ1
シナモンスティック（飾り用）	1本

作り方

❶ 鍋に水と牛乳を入れ泡だて器で混ぜながら温める。

❷ ボウルにカカオマス、砂糖、シナモン粉、さやから出したバニラビーンズ、チリペッパー、クローブを入れ、❶を少量ずつ注ぎながら泡だて器で混ぜる。

❸ よく溶けたら再び❷を❶の鍋に注ぎ、弱火で温めて完成。

＊牛乳が沸騰しないように、火加減に注意する。

第6章（p.127）

ヒポクラテスの袖
（スパイス入りワイン）

Hippocratic sleeve

材料　4人分

赤ワイン・・・・・・・・・・・・・500mℓ
砂糖・・・・・・・・・・・・・・・大さじ2
シナモンスティック・・・・・・・・2本
ジンジャー粉・・・・・・・・・・小さじ1
長コショウ（ヒハツ）・・・・・・・小さじ1
ナツメグ・・・・・・・・・・・・小さじ2
シナモンスティック（飾り用）・・・・1本

作り方

❶ 赤ワインに砂糖、シナモンスティック、ジンジャー粉、長コショウ、ナツメグを加えて火にかけて沸騰直前まで温める。

❷ かき混ぜて粉っぽさがなくなったら完成。

＊鍋から液体をグラスに移して冷蔵庫で冷やして飲んでも美味しい。
＊沸騰させるとアルコール分が飛んでしまうが、味がまろやかになる。

第7章（p.147）

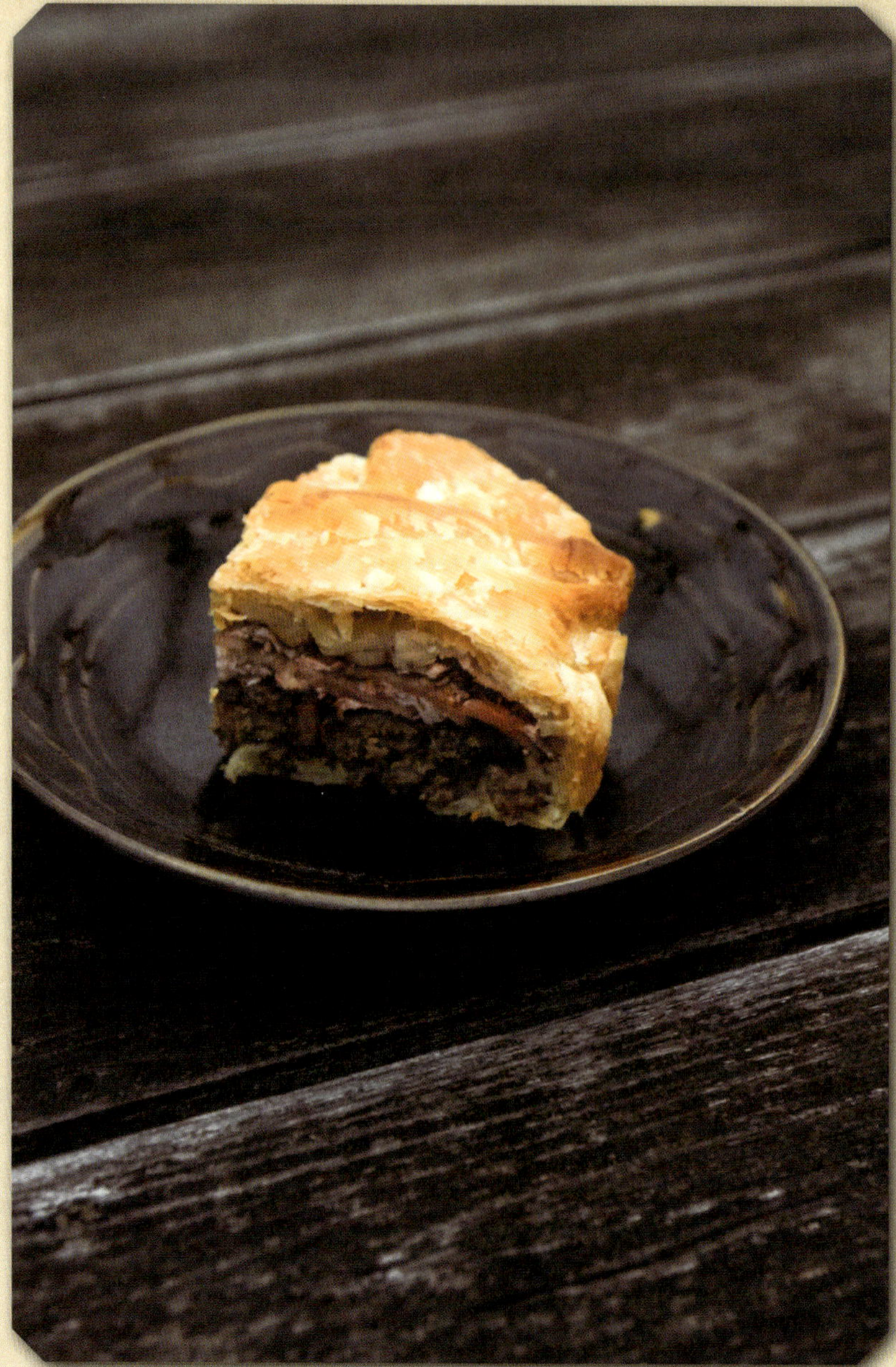

* 鹿肉がなければ、マトンやラム肉で代用も可。
* 鍋の煮汁は、さらに煮つめてパイのソースにしてもよい。

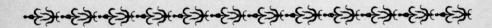

鹿肉のパイ

Venison Pie

材料　4人分（直径12cm用）

鹿肉	400g	デーツ	20g
赤ワイン	200ml	プルーン	20g
コショウ	小さじ1	ベーコン	3枚(60g)
クローブ粉	小さじ1	卵	1個
ナツメグ粉	小さじ1	シナモン	5g
水	100ml	ジンジャー	5g
パイ生地 20cm×20cm	1枚	レモン果汁	10ml

作り方

❶ 細かく刻んだ鹿肉、赤ワイン、水、コショウ、クローブ粉、ナツメグ粉を鍋に入れて10分弱火で煮込む。
❷ 直径12cmの型を用意し、パイ生地をしいた上に、❶から取り出した鹿肉を並べる。❶の煮汁はとっておく。
❸ みじん切りにしたデーツとプルーンを❷のパイ生地にしきつめる。
❹ ベーコンを角切りにし、溶いた卵に浸けた後、フライパンで5分中火で炒める。
❺ ❶の鍋に❹のベーコンとシナモン、ジンジャー、レモン果汁を加え、10分弱火で煮込む。
❻ ❺からベーコンを取り出し、❸のパイ生地に入れ込む。
❼ パイを包んだら、180℃に余熱したオーブンで30分焼いて完成。

第7章（p.147）

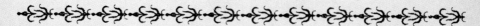

カフェ・コル・ラテ

（ミルク入りコーヒー）

Caffè col latte

材料　１人分

コーヒー粉	7g
湯	140mℓ
牛乳	70mℓ
砂糖	小さじ1

作り方

❶ コーヒーフィルターをドリッパーに密着させ、コーヒー粉をそこに加える。
❷ お湯を❶に円を描くように数回注ぎいれる
❸ できあがり量になったら、ドリッパーを外し、抽出されたコーヒーをコーヒーカップに注ぐ。
❹ 牛乳を❸に注ぎ、最後に砂糖を加えてスプーンなどでかきまぜてできあがり。

＊インスタントコーヒー等で作ってもよいが、いずれも濃いコーヒーにならないよう分量に注意する。

第８章（p.161）

レモンアイスクリーム

Limonen-Eisrahm

材料　4人分

生クリーム　・・・・ 400㎖
砂糖・・・・・・・・・・50g
ミント・・・・・・・・・・ 1枚
レモン・・・・・・・・・ 1個

作り方

❶ ボウルに砂糖とレモンの果汁を入れて、泡だて器で混ぜ合わせる。
❷ 鍋に生クリームを入れて、弱火にかける。
❸ 3分ほどしたら、❷を❶のボウルに少しずつ入れて混ぜ合わせていく。
❹ ❸を金属製の容器に移して、冷凍庫で2時間ほど冷やし固める。
❺ ❹を1度取り出し、スプーンで全体をかきまぜてなめらかな食感を作る。
❻ 器に盛って飾り用のミントを添えて完成。

* 17～18世紀のレシピには牛乳の記載がなかったが、現代の手作りアイスクリームのように牛乳と生クリームを半々にして作っても構わない。
* 1次史料のレシピに「中くらいの濃さ」と指定があるので、乳脂肪分が35%程度の生クリームを使用する。
* 1次史料に従って、飾り用のミントはなくても構わない。

第9章（p.177）

＊１次史料にはコーティングとして「チョコと砂糖を２：１で混ぜて鍋であたためながら溶かす」とあるので、本レシピはそれに準拠している。
＊コーティング用材料に生クリーム 60g を温めて加えると、作りやすくなる。

ザッハじゃないトルテ

Eine andere Chokolate-torte

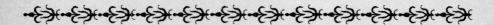

材料　6人分（直径15cm用）

アーモンド……………70g
カカオマス……………50g
チョコレート…………120g
砂糖……………………30g
卵黄……………………2個
卵白……………………2個
薄力粉…………………30g
バター…………………70g
イチゴのコンフィチュール……30g

◇コーティング用材料
チョコレート…………50g
砂糖……………………25g

作り方

❶ アーモンド、カカオマス、チョコレートを砕き、ボウルに入れて湯煎で溶かす。
❷ 別のボウルに溶いた卵黄と砂糖15gと溶かしたバターを入れて、泡だて器でかき混ぜる。
❸ ❷と薄力粉を❶に加えてかき混ぜる。
❹ 別のボウルに卵白をメレンゲ状にして、残りの砂糖をその中に加えていく。
❺ ❹を❸のボウルに入れてヘラでさっくりと混ぜ合わせる。
❻ 15cmの型に❺を流し込み、180℃に余熱したオーブンで30分焼く。
❼ 焼きあがった❻の表面の凹凸をととのえ、平らにし、2枚にスライスする。
❽ 生地の1枚にイチゴのコンフィチュールを塗り、もう1枚の生地を重ね合わせる。
❾ コーティング用のチョコレートを鍋に入れ、弱火で溶かし、砂糖を加えていく。
❿ ❾を❽の生地にかけて全体を覆い、冷蔵庫で冷やして完成。

第10章（p.193）

❻ 鍋で揚げ油を熱しておき、生地をつけた面を下向きにしてクッキングシートごと油に入れる。

❼ クッキングシートと生地が分離したら、クッキングシートを取り除き、生地の半分が淡褐色になったらひっくり返し、両面を揚げる。

❽ 生地が淡褐色になったら油を切り、紙袋の中に入れ、そこに粉砂糖とシナモンを加えて、1分シャカシャカふり、器に盛って完成。

＊オーブンで焼いてもおいしい。
＊揚げ時間は片面2～3分程度。全体が淡褐色になったら油をきる。
＊好みによりフルーツソースやワインソースを添えて出すのもよい。
＊絞り出してからはスペイン菓子チュロスの作り方と同等と考えてよい。

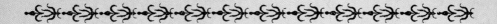

シュプリッツクラプフェン

（絞り出しドーナツ）

Spritz-Krapfen

材料　4人分

牛乳	100㎖	粉砂糖	スプーン1杯
バター	30g	ラム酒	スプーン1杯
塩	少々	粉砂糖	適量
薄力粉	100g	シナモン	適量
卵	2個	サラダ油	適量

<器材>

デコレーション用絞り出し袋

絞り出し用口金

＊八切り花形や六切り星形を使用。好みに応じて口金のサイズを変えてもよい。

作り方

❶ 牛乳とバターと塩を鍋に入れて沸騰させ、いったん火からおろしたあと、薄力粉を入れて泡だて器でなめらかになるまで混ぜる。

❷ ふたたび❶を弱火にかけて、生地がスプーンや容器にくっつかなくなるまで混ぜる。

❸ 火からおろして冷まし、卵、ラム酒、粉砂糖を入れてよく混ぜる。

❹ 絞り出したい形1個のサイズに合わせて、クッキングシートを切る。

❺ クッキングシートをしいて、デコレーション用絞り出し袋と口金を用意し、混ぜ合わせた生地❸をリング形に絞り出す。

第10章（p.193）

カペッツォーリ・ディ・ヴェーネレ
（ヴィーナスの乳首）
Capezzoli di Venere

材料　12個分

ビターチョコレート	150g
バター	25g
粉砂糖	50g
卵黄	1個
生クリーム	30g
マロングラッセ	250g
グラッパ	20ml

◇仕上げ用

ホワイトチョコレート	300g
サルタナレーズン	適量

作り方

❶ ボウルに湯煎で溶かしたビターチョコレートとバターを入れる。
❷ ❶に粉砂糖、卵黄、生クリーム、刻んだマロングラッセ、グラッパを加え、中心から混ぜ込んでいき、なめらかにしていく。
❸ 適当な容器に❷を流し込み、手で整形できる固さになるまで、冷蔵庫で冷やす。
❹ 固まったら12等分し、直径3㎝の球形になるように丸めていく。
❺ 仕上げ用のホワイトチョコレートを湯煎で溶かしていく。
❻ ❹を❺のホワイトチョコレートにくぐらせたら、クッキングシートをしいたバットの上に置き、余分なホワイトチョコレートを取り除く。フォークに刺してさっとくぐらせると良い。
❼ ❻の頂点にサルタナレーズンをつけて完成。

終章（p.205）

第1章

～1760年～

レニャーゴの食卓

あるいは
サリエーリ事件簿　その1

「クローゼットの中の砂糖」

18世紀後半のヨーロッパ

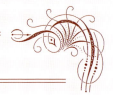

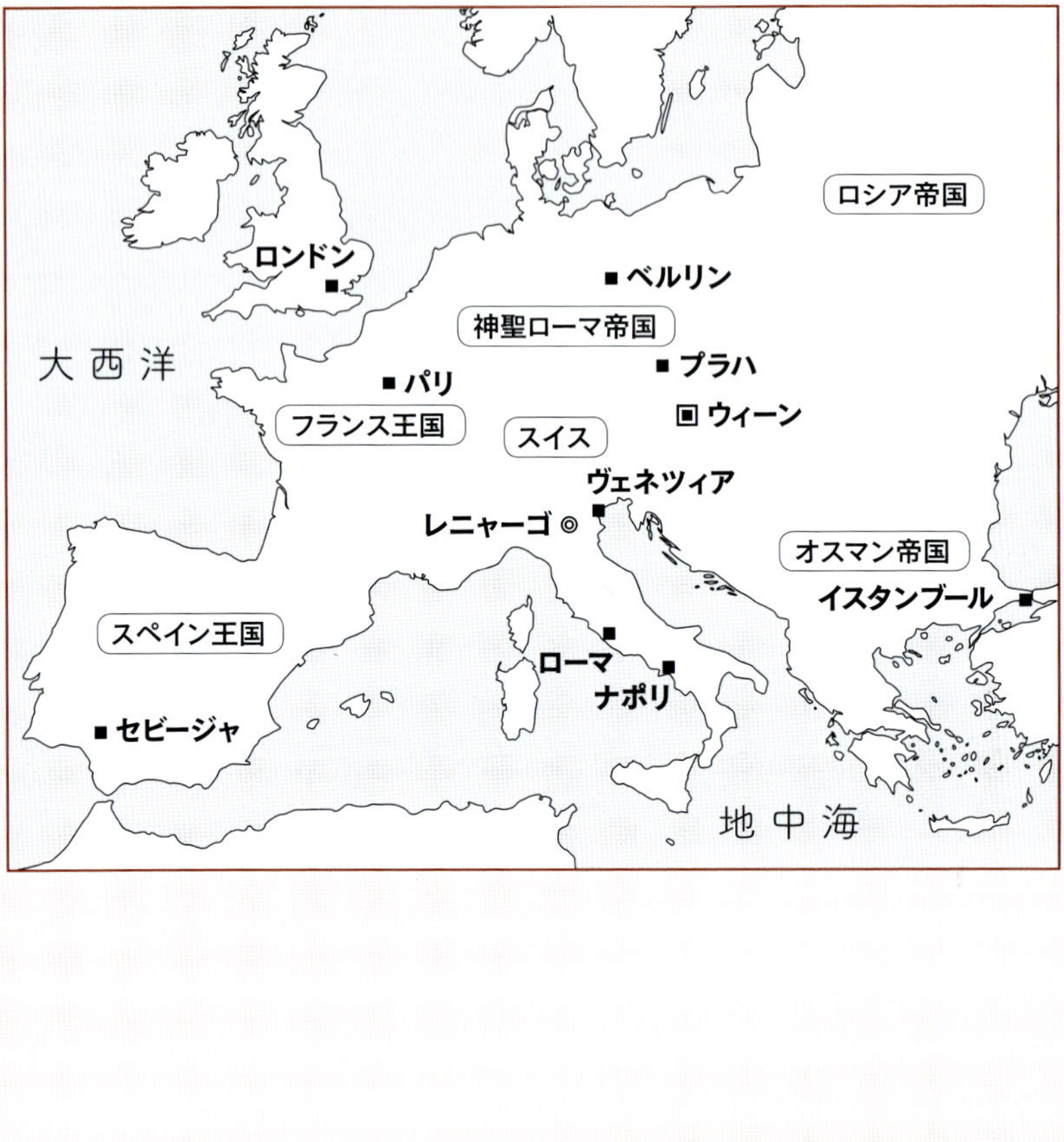

「陸のヴェネツィア」、レニャーゴにて

「音楽の父」バッハが亡くなってから3週間後の1750年8月18日、アントニオ・サリエーリはヴェネツィア共和国のレニャーゴに生まれました。レニャーゴはヴェネツィアから南西におよそ84キロメートルにある街です。共和国首都のヴェネツィアが「海のヴェネツィア」ならば、こちらは「陸のヴェネツィア」でした。特にレニャーゴはヴェネツィア共和国の軍事拠点として機能した要塞都市でした。

裕福な商人である父アントニオ・サリエーリは、息子に公立学校でラテン語を学ばせ、ヴァイオリンやピアノ、歌の授業も受けさせていました。アントニオ少年はまず、長兄フランチェスコ・アントニオに音楽を教わりました。フランチェスコはヴァイオリンの名手ジュゼッペ・タルティーニに教えを受けていて、鍵盤奏者としてもヴァイオリ

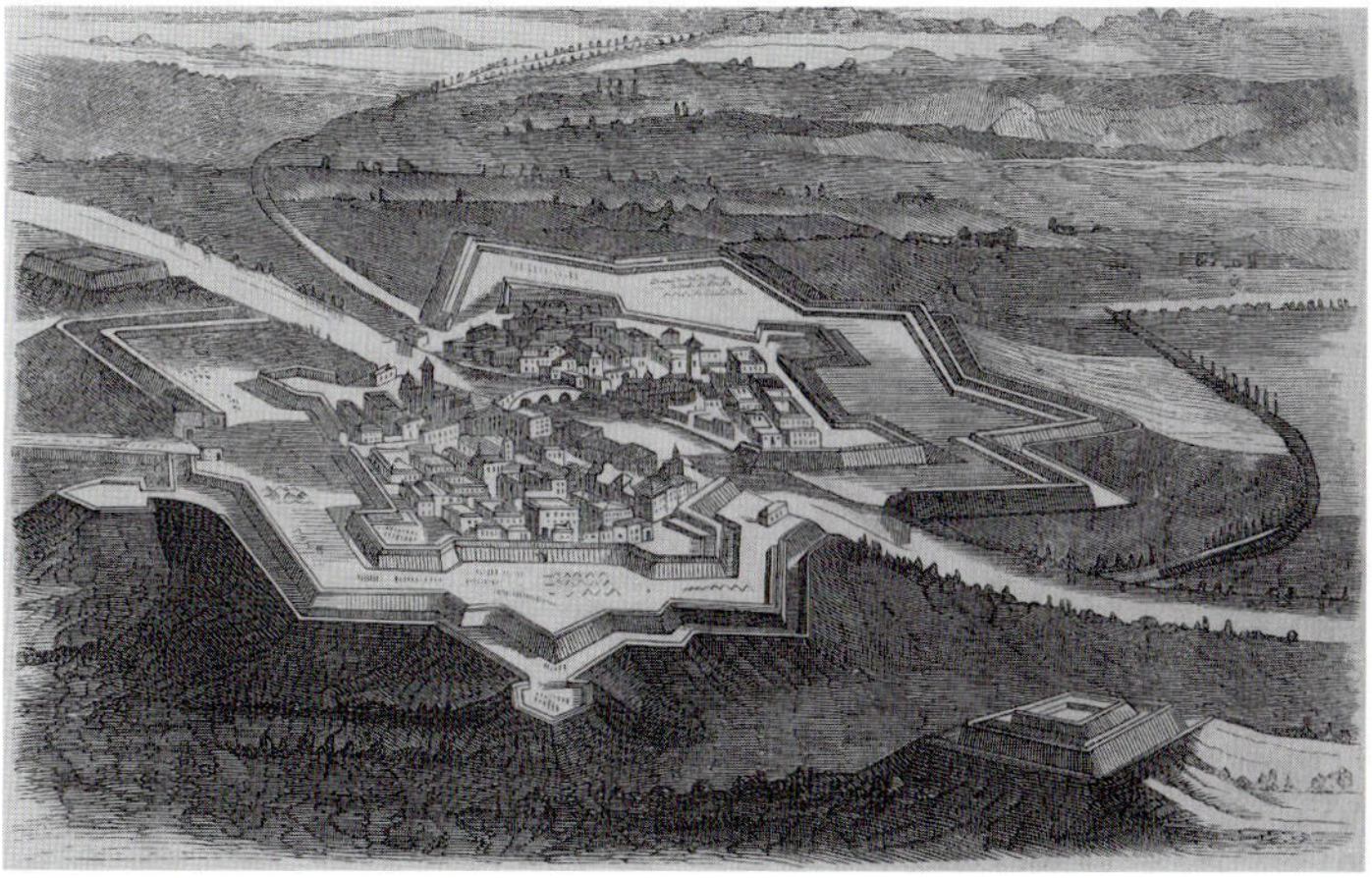

レニャーゴ（1866年）

ン奏者としても優秀でした。アントニオ少年はさらに、有名なマルティーニ神父の弟子で、レニャーゴ大聖堂のオルガン奏者であるジュゼッペ・シモーニにヴァイオリンとチェンバロを教わりました。

1760年、そんなアントニオ少年が10歳の時に、ある出来事が起こります。

徒歩で向かって、怒られて

兄のフランチェスコはヴァイオリンがうまかったので、レゴーニャから少し離れた場所にある教会のお祭りのコンサートに招待されていました。兄を教会へ送迎する馬車に空席があるときには、アントニオも一緒に乗せてもうらことができました。幼い頃から音楽を愛していたアントニオ少年は、近在の最高の音楽家たちが参加するそのお祭りについて行って演奏会を聴くのが何よりの楽しみでした。

ある時、教会の完成祝いが近くで催されましたが、兄を乗せていく馬車には、10歳のアントニオのための場所はありませんでした。それでもアントニオは行こうという気持ちを抑えきれられず、馬車を追いかけて徒歩で向かいます。しかも、そのときは両親に外出の許可をとっていかなかったのでした。

アントニオが帰宅すると、息子がいなくなったことに心配していた両親はホッとするとともに、とても怒りました。父親はアントニオに言います。「もしまたそのようなこと（無断外出）

を思いついて実行したら、罰として一週間、食事は水とパンだけで過ごし、部屋から出られない生活を送ることにするぞ！」と。

アントニオは父の叱責に驚きましたが、すぐに落ち着きました。後年、サリエーリは伝記作家モーゼルに、当時の罰のことをこのように話しています。

こんなにも美しい音楽を聴くことができるなら、パンと水だけで過ごす罰はそれほどひどいものではない気がするんです。そもそも、私はワインを飲まないんですよ。甘いワインが飲めるなら話は別ですが、普通のワインを美味しいと感じたことがないのです。それからパンに関しては、砂糖があればパンだけでも他の料理と同様に喜んで食べますよ。でも、このままだとパンと水だけの生活になってしまうので、これからは、砂糖の入手に励み、とり急ぎ備蓄に努めようと思いました。

18世紀ヴェネツィア共和国庶民の生活

いったん、ここで回想シーンを切り上げて、アントニオ少年のころの庶民の食生活について説明します。ヴェネツィア共和国のレニャーゴでも他の都市同様、普段の食事については慎ましいものでした。主に**パン**、**サラダ**、**ミネストラ**（野菜のスープ）、トウモロコシの粉を練って作った**ポレンタ**などでした。他にはポー川流域で始まった稲作栽培からとれた米の**リゾット**がありました。

歴代のローマ教皇に仕えて料理を給した教皇専属料理人バルトロメオ・スカッピが1570年代にヴェネツィアで発表した料理書『オペラ』には、海上都市ヴェネツィアだけあって、スズキ、ヒラメなどのポタージュ、詰め物入りのヤリイカのスープなど、魚介類をふんだんに使った料理も取り上げられています。

読者の皆さんがイタリア料理と聞くと、まっ先に**パスタ**を思い浮かべるかと思います。ところがヴェネツィアにおいて、基本的にはパン、スープ、野菜、肉が主食であり、パスタはあくまでサイドメニューだったのです。

中世後期、14世紀初頭のヨーロッパの料理書には、詰め物を包むために、パスタ生地などを現代のパイ生地のように使って甕《かめ》の形を作るといった指示が出ています。そして、こうした料理として、パスティッチョ（第3章参照）、クロスタータ、トルタの3種類が挙げられています。

その後、19世紀になると、工業化によってパスタがより安価で製造できるようになり、都市貧民層の食生活に重要な食べ物となりました。現代のヴェネツィアでも、フェットチーネやビゴリなどの太麺パスタがよく食べられています。

余談ですが、イタリア人を指して「**マンジャマッケローニ**（マカロニ食い）」と呼ぶのは、南イタリアのナポリの影響です。ナポリでは、他の都市より2世紀ほど早い17世紀半ばに、マッケローニやその他のパスタを主食として食べ始めるようになったのです。その背景には、人口の増大及び経済的危機による食糧事情の悪化と、マッケローニ製造の技術革新（捏《こ》ね機の普及とプレス機の導入）がありました。なお、マッケローニは、現代の我々が知っている短い筒状のパスタである「マカロニ」の意味だけでなく、18世紀のナポリではパスタの総称であり、パスタと同義語でした。

マッケローニをガツガツ食べるナポリ人の姿は、当時の旅行者たちに強烈な視覚イメージをもたらしました。その証拠に、「マンジャマッケローニ」や「マッケローニ」のタイトルで、路上で細長いパスタを指で掴んで食べているナポリ人の絵が多く描かれています。

マッケローニを手づかみでほおばる男性（17 世紀末）

お酒は5歳になってから？

サリエーリがモーゼルへ語った内容で、おや？と首をかしげたくなる箇所があったかもしれません。**ワイン**についてです。回想では、10歳のアントニオ少年が「ワインを飲まない」、「普通のワインを美味しいと感じたことがない」と書かれています。なぜわざわざ10歳当時ワインを飲んでいなかったと断る必要があったのでしょうか。

実は中世後期、15世紀ごろのヨーロッパでは、おおよそ5歳ぐらいからパンと一緒にアルコール度1~2%程度のドリンクが飲まれていました。その名残りでしょうか。サリエーリが少年時代を過ごした1760年代のイタリアでも、かなり低い年齢からアルコールをたしなむ文化があったようです。

ほかにも例えばドイツやオーストリアなど18世紀当時の神聖ローマ帝国では、**ビール**が基礎栄養食品のひとつに挙げられていました。フリードリヒ2世に代表される歴代のプロイセン王たちも離乳食がわりにビアズッペ(ビールスープ)を味わっていたと言われています。

ヴォルフガング・アマデウス・モーツァルトは、6歳で父親のレオポルトとともに故郷ザルツブルクからミュンヘンまで演奏旅行をした際に、旅先での食べ物としてパン、水、ワイン、果物、ハムなどを持参していました。モーツァルト一家にとってワインは水とともに不可欠な飲み物でした。

当時のヨーロッパでは、品質のいい水がなかなか得られない状況にあったため、アルコール飲料がその代替手段として飲まれることが多かったのです。

ヴェネツィア共和国の水事情

安全かつ品質の良い**飲料水**の確保が中世以降のヨーロッパの懸念事項でした。それこそ古代ローマ帝国の時代のほうが、水に対する情熱を強く燃やしていて、水質事情がよかったと言えるでしょう。事実、都市から遠く離れた水源より何百キロメートルという長い導管を通じて、きれいな水がローマ帝国の各都市にもたらされました。それを支えたのが各地につくられた水道橋です。

ローマ帝国が滅亡し、中世に入ると水道橋も徐々に放棄されたり、場合によっては破壊の憂き目にあいました。また組織的なメンテナンスもできなくなったため、15～16世紀、かつての帝国首都ローマの人々は生活用水を近くの川から水路を引いて得るしかなかったのです。

また、ヨーロッパ全体で見ても、品質の良い飲料水を飲むことは、18世紀になっても非常に難しく、例えばフランスに嫁いだマリー・アントワネットは、母親マリア・テレジアへの手紙でヴェルサイユから遠く離れた南仏のアルデッシュ県にあるヴァルス鉱泉のミネラルウォーターを飲んでいると書いています。貴族の生活であれば、きれいな水を鉱泉地帯から持ってくる選択肢もあったことでしょう。

ヴェネツィアの場合は、内海に囲まれた島だっただめ、天然の湧き水はなく、ラグーナ（浅い干潟）の水も海水と淡水が混ざり合い、飲料水としては不適でした。そのため、**雨水**を貯めて飲料水としていました。多くの雨水を集めるため、「カンポ」と呼ばれる広場の下に巨大な貯水槽を設け、広場に降り注いだ雨を井戸から汲み上げる仕組みが作られました。

1611年に、ヴェネツィアとパドヴァ間を流れるブレンタ川の支流としてセリオーラ運河が建設されると、真水が船でそこから運ばれ、個人宅の井戸に移し替えられるようになりました。ヴェネツィアに上水道が整備されたのは、サリエーリが亡くなってからおよそ60年後の1884年のことです。

さて、アントニオ少年のいた陸のヴェネツィア、レニャーゴについても記しておきましょう。レニャーゴはイタリア北部を流れアドリア海に注ぐアディジェ川が町の中心を縦断しており、ヴェネツィアに比べると生活用水を得ることは容易でした。とはいえ、上水道の整備が進むのは後の時代のため、いつでも好きな時にきれいな水を飲むにはもう少し時間がかかりました。

ヴェネツィアにおける砂糖の歴史

アントニオ少年は**砂糖**に執着していますが、そのこだわりはどこからくるのでしょうか。その答えを知るには、当時のヴェネツィア共和国では砂糖はどういった存在だったかを知る必要がありそうです。ここで砂糖の歴史に触れてみましょう。

9世紀以降、ヴェネツィアではエジプトや東地中海からかなりの量の砂糖やシロップなどを輸入して、ヨーロッパのさまざまな国々へ輸出していました。ヴェネツィアはビザンツ帝国経済圏での商業特権を与えられ、帝国内での活動を広げていったのです。新大陸（アメリカ）発見以前のヨーロッパにおいて、ヴェネツィアはアラビア半島やアフリカ北部からの貴重な食材を押さえ、ヨーロッパの物資の玄関口として機能していきました。

当初、砂糖は**医療用**に使われ、砂糖を取ることでよい血液を作ると考えられていました。そのため、貴重な砂糖が集まるヴェネツィアの薬剤師は、粗糖の精製からシロップやジャムまで、砂糖を作る技術に長けていたようです。

このようにヴェネツィアは、歴史的にみても、流通、精製、加工などあらゆる面で、他の都市よりも圧倒的に優位に立っていました。ヨーロッパで甘みと言えば、古代からハチミツが使われていましたが、砂糖の流通量が多くなってきたヴェネツィアでは、ハチミツが砂糖に置き換えられていきます。14世紀のヴェネツィアの料理書では、ハチミツと砂糖が料理で使用される比率は半々でしたが、時代が下っていくと、料理書に載っているほとんどの料理に砂糖が使われるようになります。例えば、先に紹介した1570年代刊行のスカッピ著『オペラ』では、チーズを振りかけたパスタにさらに砂糖やハチミツ、シナモンなど甘い香辛料を加えると書かれています。

ヴェネツィアが砂糖への情熱を示した事例も紹介しておきましょう。フランスのアンリ3世（1551～89年）を迎えた祝祭で、砂糖で作られた200以上の細工物を展示したという記録が残されています。艦隊、馬、ライオン、虎、教皇の胸像などを砂糖細工にしたそうですから、ヴェネツィア人の砂糖へのこだわりは並々ならぬものを感じます。これは、ただ砂糖が好きだったというだけではなく、ほぼ独占的に砂糖を取り扱っているヴェネツィアの威信を示す行為でもありました。

こうして中世後期までは、砂糖は贅沢の象徴であり、富の証でしたが、15世紀に入ると状況は一変します。1419年にポルトガル船がマデイラ諸島を発見し、1425年にさとうきび栽培が開始され、1450年にマデイラ産の砂糖がヨーロッパにもたらされました。

いっぽう、1453年にオスマン帝国のメフメト2世によってビザンツ帝国の首都コンスタンティノープル（現イスタンブール）が陥落すると、地中海からの砂糖の安定供給が難しくなり、ヨーロッパ諸国はヴェネツィアから砂糖を輸入する従来のルートではなく新たな販路を開拓する必要に迫られました。

ポルトガルに続けとばかり、イングランドやスペイン、フランスなどの国々が大西洋の島々の植民地獲得に乗り出します。１４８３年にはカナリア諸島がスペインの軍門に降《くだ》り、スペインもさとうきび栽培を開始します。そして16世紀の大航海時代では、ヨーロッパ諸国は大西洋やカリブ海の島々に続々と上陸し、さとうきび栽培が可能な土地が次々に発見されていきました。

こうして17世紀に入ると、砂糖はヨーロッパ大陸の大部分で以前よりずっと安価に供給されるようになり、貧しい層以外の食卓に上がるようになりました。どんな料理にも香辛料と砂糖をふんだんに使う中世後期・ルネサンス期の食の傾向から打って変わり、砂糖が食材の主役から普遍的なものとなり、選択肢のひとつに変化していきました。どんな料理にもどっさりと加えるのではなく、軽く甘みをつけたい料理に限り砂糖を使用するようになったのです。裕福な商人の家庭であるサリエーリ家でも、サリエーリの少年時代にあたる18世紀中ごろには、通常メニューとして砂糖が使われた料理が食べられていたことでしょう。

サリエーリ家砂糖冷戦勃発

アントニオ少年の話に戻りましょう。「**パンと水だけ**」の罰を切り抜けるため、長兄フランチェスコが出演する次の教会コンサートまでにクローゼットの中にせっせと砂糖の備蓄を行ない、アントニオが満たされる量がほぼ準備できました。そしてついに計画が実行されるときが来ます。

地元の教会のミサに行ったアントニオは、ミサ終了後そのまま帰宅する予定でしたが、その日にフランチェスコのコンサートが行われる教会開基祭の会場がレニャーゴからそう遠くないことに気づき、このままお兄さんの演奏会場まで歩いて行くことにしたのです。方向転換して家とは反対方向に向かうも、レニャーゴの城門を過ぎたあたりで捕まってしまいました。

失意のなか帰宅したアントニオに、両親はかんかんに怒り、ついにパンと水だけの「立派な食事」に移行することになりました。鍵のかかった部屋で、本を読み、クラヴィーアを弾きながら、アントニオ少年は「自分のやったことは悪くない、教会音楽が好きだという純粋な行動なのだ」と自分に言い聞かせました。それに、クローゼットには砂糖の備蓄もあります。

昼食は予想通りパンと水でした。ここで備蓄した砂糖と合わせて食べようとしたアントニオ少年。クローゼットの中をくまなく探しましたが、見つかりません。実は、妹だけにこの計画を打ち明けていたのが運のつき。妹は両親側にも通じていたので、アントニオの計画はダダ漏れだったのです。計画を知った両親は、サリエーリがせっせと備蓄した砂糖を、あらかじめ回収していたのです。

ようやく事の重大さを思い知り、父親の許しを得て罰を受けずに済んだアントニオ少年。友人たちの間にもこの「砂糖事件」は広く知られるようになり、レニャーゴにいる間、友人たちに出くわすといつもこんな質問をされることになってしまいました。

「ねえ、アントニオ君、あま～い砂糖は十分にもらっているかい?」

ヴェネツィアのパン

そんな悲しみに暮れるアントニオ少年に「罰」として与えられるはずだったヴェネツィアのパンをここで紹介します。中世の時代よりパンはヴェネツィアとともにありました。14世紀にはギルドが制定したパン屋が続々とでき、普通の家ではかまどでパンを焼き、かまどがない家ではパン屋に行きました。

お金持ちは精白した粉から作られた白パンを、そうでないほとんどの人々は「**パン・トラヴェルソ**」という、茶色の全粒粉もしくはふすまパンを食べていました。その後、トウモロコシの登場により、この食材を挽いた**コーンミール**という第3の粉がヴェネツィアに出現しますが、その話は第3章で語りましょう。

サリエーリ家もご多分に漏れず、茶色い全粒粉パンである「**パン・トラヴェルソ**」を食べていました[↓巻頭レシピ10頁]。ちなみにトラヴェルソはイタリア語で「横の」を意味する形容詞。

古楽に親しんでいる方は古楽器のフラウト・トラヴェルソ（イタリア語で「横向きの笛」）でおなじみの単語かと思います。

この音楽的にもなじみ深い言葉である「トラヴェルソ」のパンを、音楽が傍らにあればパンと水と砂糖だけで生きていけるはずと心に刻んでいるアントニオ少年に捧げます。

パンスープで罰を回避？

さて、パンと水だけの生活は「罰」だとアントニオは語っていますが、具体的に何が加われば「罰」ではなくなるのでしょうか。貴族の食卓ではないので、肉はぜいたく品に挙げられるでしょう。ここは日常で味わえるメインメニューであるスープを加えましょう。パンとスープの組み合わせは、それこそ古代ローマ時代から続いている普遍的かつ定番のメニューです。

ヴェネツィアには「**パナダ**」というパンのスープがあります［↓巻頭レシピ11頁］。中世ヨーロッパの農民は、時間と労力の節約のため、パンをまとめて焼いて長期保存していました。そのため、パンは固くなるのが常で、飲み物に浸して食べるなどの工夫をしていました。このパナダはその中世の時代の名残からできたもので、古く固くなったパンをスープで柔らかくして食べるための料理です。鍋にビーフストック（ビーフスープの素）を入れて沸騰させ、ちぎったパンを加えて煮込み、ニンニク、ローリエ、オリーブオイル、塩そしてチーズ「パルミジャーノ・レッジャーノ」を追加して完成です。

レニャーゴからヴェネツィア、そしてウィーンへ

父親から「罰」を与えられた話は何と言っても、両親がアントニオ少年の身をとても心配してくれた愛ある家庭のエピソードと言ってもよいでしょう。しかしそんな幸福な時間は束の間。それから3年後、サリエーリが13歳となった1763年に母親が亡くなり、父親も蒸発してしまいます（その後の調べで、1764年に故郷アンジャーリで没したとされています）。両親を失ったサリエーリは、亡き父の知人であったヴェネツィアの貴族ジョヴァンニ・モチェニーゴに引き取られ、1766年初頭にヴェネツィアへ向かいます。そして、その年の5月にヴェネツィアに滞在していたウィーンの宮廷作曲家**フローリアン・レーオポルト・ガスマン**に出会います。

次章ではガスマンに導かれウィーンに向かったサリエーリがオペラ作曲家になるための武者修行と、ガスマンのオペラ上演現場での華麗なる大失態と、そこで登場する料理について紹介します。

第2章

~1768年~

《危ない夜》の食卓

あるいは
サリエーリ事件簿　その2

「黒い犬に気をつけろ」

オペラ《危ない夜》

ゴルドーニ戯曲集の挿絵（1794 年）

作品情報

《危ない夜》
作曲　フローリアン・レーオポルト・ガスマン
台本　カルロ・ゴルドーニ
言語　イタリア語
初演　1768 年 1 月 5 日　ウィーン、ブルク劇場

１７６６年６月16日、サリエーリはウィーンに到着しました。彼の歌、チェンバロ、オルガン、そしてヴァイオリンの演奏を含めた総合的な音楽の才能と利発さに惹かれた宮廷作曲家**フローリアン・レーオポルト・ガスマン**（１７２９〜７４年）が、サリエーリを自分の下で責任を持って音楽家として教育したいと、ヴェネツィアのモチェニーゴ家に伝え、それが了承されたのです。

７月のとある日、ガスマンはサリエーリを宮廷の室内楽演奏会に楽器奏者として連れていき、そこで皇帝**ヨーゼフ２世**に謁見《えっけん》します。ヨーゼフ２世は、初対面の音楽家に対して、その場で課題を与え、その腕前がいかほどか、能力を見定めるのが通例でした。サリエーリもご多分に漏れず、腕試しとばかりに、ハッセのオペラ《岐路に立つアルチーデ》の楽曲から、合唱のコントラルトのパートの視唱を命ぜられ、続いてアリアの難しいパッセージを歌わされました。それらを見事にやり遂げて、ヨーゼフ２世の心をつかんだサリエーリは、宮廷での演奏会への参加が認められました。

ガスマン

50年後の１８１６年５月、ヨハン・フェルディナント・クーフシュタイン伯爵にあてた手紙で次のように述べています。

ヨーゼフ２世

陛下から称賛される栄に浴しただけでなく、陛下はその日の演奏が終わると、室内楽演奏会に常に私を連れてくるよう先生に命じてくださったのです。そしてこのときから良くご存じのように、私は宮廷にとどまり続けることになったのです。

１７６７年1月1日、サリエーリはガスマンの助手としてオペラの上演に携わることになりました。ガスマンは、本や楽譜から学んだことを劇場で実践的に学ばせるために、弟子サリエーリを、宮廷音楽会だけでなく、劇場にも連れて行きました。

そしてこの年の12月からは、ガスマンの推薦によって帝室歌劇場の副指揮者のアシスタントとして働くこととなりました。新作オペラの上演では、最初の3回をガスマンが指揮をして、4回目からはサリエーリが指揮をすることとなったのです。

上演中の大失態――「黒い犬事件」の顛末

サリエーリが、大失態を起こしたある日の出来事について、モーゼルに語っています。おそらく、１７６８年となるでしょうか。長くなりますが、エピソードを丸ごと紹介します。

ある晩（それはガスマンが指揮をした最初の3公演のうちの1公演でのこと）、サリエーリは、いつもはガスマンの指示に従って、オペラが舞台で進行している間、平土間席に留まって、音楽の効果を注意深く聴いていたのですが、この日は音楽があまり気に入らなかったサリエーリ。上演中に舞台へ行ってみたいという欲求に襲われ、平土間席を離れます。

舞台の背景幕の後ろでは、次の夕食の場面で使うためのテーブルの準備で、バタバタしていました。準備が終わっても、サリエーリは厚紙で作られて色を付けられた**パステーテ**や**カパウン**などを近くでよく見るために、テーブルのそばに留まっていると、不意に場面転換の合図が出され、背景幕が巻き上げられて、その後ろに準備されていたテーブルが、聴衆の前に姿を表しました。聴衆に見つからずに舞台上から逃げ出すことができなくなってしまったサリエーリは、急いでテーブルの下に隠れざるをえなくなりました。幸運なことに、あまりにも速くサリエーリがテーブルの下に滑り込んだので、誰にも気づかれませんでした。

そうこうするうちに、劇の登場人物たちが舞台に現れ、食卓につくと、しばらくしてから食事をとる仕草を演じながら歌い始めました。テーブルは長く幅広かったため、サリエーリは周りに座っている誰の足にも触れることなく隠れていることができました。そして、そのままこのシーンの幕が終わり、自分が隠れたときと同様、誰にも気づかれずにこの場を抜け出すことができるか、あるいは、せいぜい劇場の使用人数名に、舞台の片付け中に目撃される程度の「被害」で済むことを、サリエーリは期待しました。しかし、事態はサリエーリの期待とは全く異なる結果を迎えることとなります。

そのお芝居の食事のシーンで、テーブルについていた歌手の1人が、ナプキンを落としました。それを拾い上げようと身をかがめたとき、ぐるりと周りを覆い、床までの長さのテーブルクロスのせいで、とても暗いテーブルの下に、何か黒いものが潜んでいることに気がつきました。彼にはそれが大きな犬のように見えたのです。彼はこの発見を、歌の合間に隣の歌手に伝え、その隣の歌手がさらにその隣に伝え、2分後には食卓を囲む人たち全員に、「招かれざる客」の存在が知れ渡ってしまいました。舞台に登場した歌手の中に、犬と猫が大嫌いな女性歌手が1人いました。

彼女は予期せぬ知らせを聞くやいなや、叫びながら飛び上がり、そのせいで聴衆は爆笑しました。が、幸いにもその夜の会場は、とても閑散としていました。サリエーリは、苦境に陥ってしまったことと恐怖とによって半分死んだようになりました。その間も音楽は続きました。

件《くだん》の犬、猫などの動物が嫌いな歌手は、隣に座っている歌手に小さな声でなだめられました。よくよく見てみると、犬ではなくて若い男がテーブルの下にいるようだと。すると彼女も笑い、再び自分の椅子に腰を下ろしました。サリエーリにとっては、永遠に続くかのように思われたフィナーレでしたが、とうとう最後の和音が鳴り響きました。

幕が下りると、サリエーリは、すぐにテーブルの下から這い出して、大声で笑い出した歌手たちに対し、なぜ隠れなければならなかったのかを、急いで混乱しながら説明しました。

そして、このことは師のガスマンに言わないでほしいと歌手たちに懇願し、急いで舞台から逃げ去りました。というのも師のガスマンは、1幕が終わるごとに舞台に上がってくる習慣があるためです。ところが残念なことに、サリエーリの懇願も空しく、彼が平土間席に戻っている間に、ガスマンは舞台上で事の顛末を聞かされました。

オペラが終わると、いつものように、ガスマンは平土間席に来て、サリエーリを連れていきました。ですが、彼はその場でも家に帰る途中でも、この騒動についてサリエーリに話すことはありませんでした。夕食の席でもたわいもないおしゃべりばかりだったので、それまで自分の引き起こした騒動の話題が上がるのではないかという大きな不安の中で、宙ぶらりんの心地だったサリエーリはすっかり安心し、師匠はこの騒動について、何も知らないのだという確信のもとベッドへ向かい、眠りにつく前に、自分の失敗が露見しなかったことを熱心に天に感謝しました。

翌朝の朝食の時も同様で、この話題が上ることはありませんでした。ガスマンは外出し、昼になって2人の友人とともに帰ってきました。テーブルについてからたくさんの話題が上がりましたが、黒犬の「く」の字も話題に上りませんでした。サリエーリ自身「黒い犬事件」のことをすっかり忘れかけていました。食事が終わりかけたその時、貸し馬車の御者が入ってきて、ガスマンに何か御用ですかと尋ねました。ガスマンが御者と話したいと言っていたのを聞かされていたためです。

この様子を見て、罪深きサリエーリは激しく動揺し、真っ青になりました。ガスマンは、「あなた（御者）が、すぐにまたイタリアに出発するのかを訊くために呼びました。というのも、この若者（サリエーリ）をイタリアへ送り返してほしいので」と言いました。

ショックを受けたサリエーリは、すぐに自分の席から立ち上がり、ガスマンにできうる限りの心を込めた謝罪をしました。サリエーリは、半ば冗談まじりに、半ば涙まじりに、事の顛末を詳しく説明しました。それを聴いて、ガスマンもその友人たちも、笑いをこらえることができませんでした。

そしてガスマンは、言いつけをちゃんと守ることを条件に、サリエーリのやったことを許しました。ショックから立ち直ったサリエーリは、この約束を守ることを誓いました。ちなみに、後にわかったことですが、師ガスマンと御者のやりとりは前もって口約束されていたものだったのでした。ようはガスマンにひと芝居うたれたのです。

パステーテとカパウンはウィーンの定番料理

サリエーリの大失態エピソード。もし、現代でこのようなことが起こったら、取り返しのつかない「炎上」案件となってしまうかもしれません。そう考えると、当事者となったサリエーリの生きた心地のしない気持ちが痛いほど伝わってきます。

現代の我々からすると「おもしろエピソード」になるわけですが、その描写には、実に興味深い点がありました。それは、舞台の夕食の場面で現れた「**厚紙で作られて色を付けられたパ**

ステーテやカパウン」です。実際の料理ではなく、作り物を使うことは、舞台装置の小道具として当然ですが、サリエーリはなぜ、この料理模型を近くでジッと見たいと思ったのでしょうか。

パステーテはドイツ語圏のパイのこと。当時、ウィーンで庶民も食べていた一般的な料理です。ベートーヴェンが晩年に筆談に使用した「会話帳」にも、食事メニューのひとつとしてパステーテが挙げられています。カパウンは去勢して肥育した雄鶏のことで、普通の鶏肉よりも高級な肉でした。

サリエーリがこの事件を起こしたのは、1766年6月にウィーンに来てから、わずか1年と数か月のこと。見るもの食べるものがヴェネツィアのものとは異なります。小道具に使われていたウィーンの料理にサリエーリの気がとられたのは、自然の流れと言えるかもしれません。が、果たして、そのことだけが要因で、こんな大失態を起こしてしまったのでしょうか。

事件が起きた作品を推理する

モーゼルに語ったサリエーリの大失態が、いったいどのオペラ作品で起きたことなのかは書かれていません。本章ではこれを検証していきましょう。

大事なことなのでもう一度書きますが、サリエーリが、ガスマンの推薦によって帝室歌劇場の副指揮者のアシスタント（マエストロ・アル・チェンバロ助手）として働くようになったのは、1767年12月です。これ以降にウィーンで初演を迎え、サリエーリが稽古に関与した可能性のあるオペラは、以下の通りです。

・グルック作《アルチェステ》（1767年12月26日）
・ガスマン作《危ない夜》（1768年1月5日）
・ヨハン・アードルフ・ハッセ作《ピーラモとティズベ》（1768年11月）

それぞれのオペラの台本にあたってみましょう。サリエーリの大失態の場面、つまり、長く幅広いテーブルがあり、劇の登場人物たちが舞台に現れ、食卓につき、食事をとる仕草を演じるシーンがあるオペラは何か。誰あろう、師匠ガスマン作の《危ない夜》になります。

オペラの舞台や内容は、以下の通りです。

舞台　パンドルフォの屋敷

パンドルフォ　主人、年寄りで2人の娘の後見人
チェチーリア　パンドルフォの娘
ドリーナ　チェチーリアの妹
マリネッタ　使用人、カルロットと恋愛関係
レアンドロ　チェチーリアに恋をしている若い紳士

カルロット　レアンドロの従僕、マリネッタと恋愛関係
ファブリツィオ　マリネッタに恋する男、カルロットの恋敵
パスクィーノ　使用人（せりふなし）
その他、公証人ないし書記

あらすじ

紳士レアンドロが、従僕カルロットとその恋人マリネッタを利用して、意中の女性であるチェチーリアにどうにかして近づこうとするものの、ファブリツィオが横やりを入れてきたため、チェチーリアの父パンドルフォに見つかってしまい、逢引の試みは邪魔されてしまいます。（第1幕）

マリネッタの仲介で、どうにかチェチーリアと会えたものの、まごつくレアンドロ。奥手な2人でしたが、やがて仲良くなったレアンドロとチェチーリアに、ちょっとしたいたずら心を起こしてしまったマリネッタは、ドリーナを引き込み、三角関係をつくろうとします。そのいっぽう、ファブリツィオの密告で、カルロットは捕まりそうになります。（第2幕）

結局、レアンドロはチェチーリアと結ばれました。そしてレア

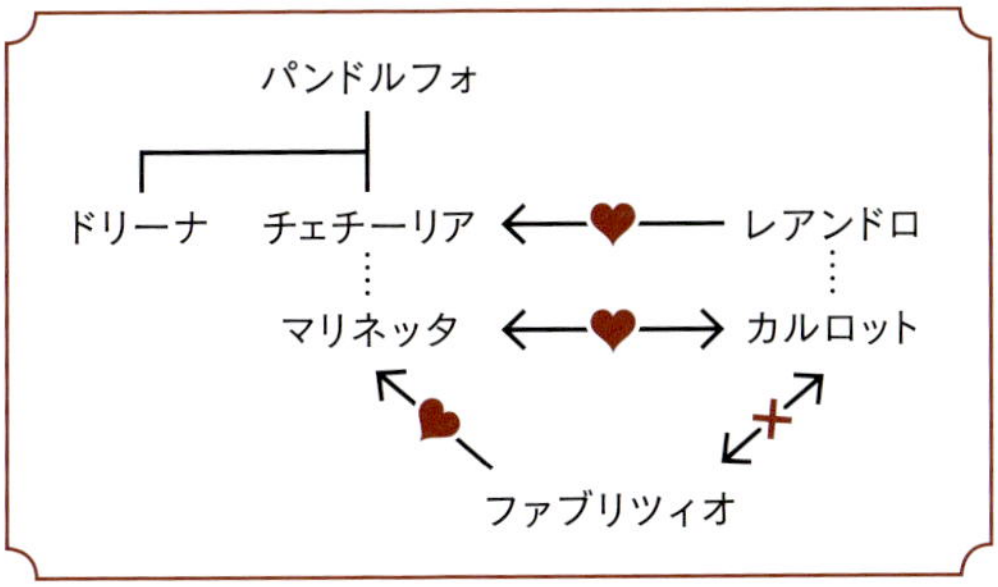

ンドロが富裕な者だと知り、パンドルフォも満足します。カルロットとマリネッタともども2組のカップルは結婚となりました。めでたしめでたし。（第3幕）

サリエーリの違和感

このオペラは、カルロ・ゴルドーニの台本で、イタリアの作曲家アントニオ・ボローニが作曲し、1766年の謝肉祭の時期にヴェネツィアのサン・カッシアーノ劇場で初演されています。そして台本はそのままに、新たにガスマンが作曲したものがウィーンのブルク劇場で上演されました。

ここでちょっと時間を巻き戻し、サリエーリのヴェネツィア滞在期間を確認します。1766年初頭、ジョヴァンニ・モチェニーゴによってヴェネツィアに連れてこられたサリエーリは、同年5月にガスマンと引き合わされ、6月16日にウィーンに到着しています。半年に満たないヴェネツィア滞在でしたが、その間、サリエーリはモチェニーゴ家の所有する桟敷席《さじきせき》でいくつものオペラを観る幸運に恵まれました。その中のひとつに、サン・カッシアーノ劇場で上演されたアントニオ・ボローニの《危ない夜》もあったと言われています。

時を戻して1768年1月5日、ガスマンの《危ない夜》が初演され、サリエーリは大失態を起こすわけです。このときサリエーリは、舞台へ行ってみたいという欲求から、平土間席を離れます。ヴェネツィアで観たボローニの作品と同じ台本ですから、あらすじは頭の中に入っていたでしょう。「その音楽があまり気に入らなかった」のは、物語に新鮮味を感じなかったからかもしれません。

そして、テーブルの上に置かれた作り物の**パステーテ**と**カパウン**をじっくり見るために、サリエーリは舞台上に留まっているわけですが、この時、もしかしたら彼はこのような違和感を覚えたのかもしれません。

「どうしてテーブルの上に出された料理が、パスティッチェッティとマッケローニではないのだろうか?」と。

パスティッチェッティとマッケローニ

1768年にウィーンで上演された際の台本を確認すると、該当箇所の料理名には、「パスティッチェッティ」と「マッケローニ」が挙げられています。パスティッチェッティの意味は、「小さいパスティッチョ」です。パスティッチョについては、次章(第3章)で詳しく紹介します。マッケローニは第1章で紹介している通りパスタの総称です。ゴルドーニもパスタという意味合いで、台本にマッケローニと書いていたようですね。

ゴルドーニの《危ない夜》の舞台は、「パンドルフォの家と、その近くにある道」で、具体的な地方は明記されていません。ゴルドーニはヴェネツィア出身ですから、料理もそのころイタリアで食べられていたものを選んだのではないでしょうか。

ガスマンが音楽をつけてウィーンで上演するにあたり、舞台製作の担当者はパスティッチェッティとマッケローニを、ウィーンで当時ポピュラーな料理だったパステーテとカパウンへと変更したと考えられます。

ちなみに、18世紀の外国人はパスティッチョとパステーテを同じものとみなしがちでした。特にフランス語圏では、混同を避けるため同一のものと見なしていたようです。17世紀に刊行されたイタリア語用語集には以下の通り訳されています。

パスティッチョ＝パテ（つまりパステーテのこと）、パスティッチェッティ＝小さなパテ

これを参照して、18世紀に刊行された仏独伊会話例文集でも、パスティッチョとパステーテは同列で扱われています。つまり、イタリア語でパスティッチョといったら、ドイツ語ではパステーテのことだろうと考えられていたようです。

実は、ドイツ語圏で、パスティッチョからパステーテへ変更されたことがわかっている作品が他にもあります。こちらも台本はゴルドーニ。『知りたがりな婦人たち（Le donne curiose）』（1753年作）です。台本にパスティッチョと書かれているところ、1771年にベルリンで上演された際に舞台上に出されたのはパステーテでした。

同時代性を持ち、具体的な地名は明かされないヨーロッパのどこかの物語として書かれているオペラ・ブッファならではの置き換えです。

《危ない夜》のオペラ飯

パステーテも**カパウン**も1828年に出版された「ウィーン料理書（Allgemein bewährtes Wiener Kochbuch)」にレシピが載っています。

パステーテには、肉を使ったものや魚を使ったものなど種類が多くあります。今回は、カパウンという去勢雄鶏の丸焼きと合わせるので、魚のパステーテを選んでみました［↓巻頭レシピ15頁］。料理書の中にはチョウザメやスズキが挙げられていますが、今回はドナウ川でよく獲られ、日本でもなじみの深い魚であるスズキを使いましょう。

カパウンは高級な鶏肉を使った鶏の丸焼きです［↓巻頭レシピ13頁］。非常にシンプルな料理なので、説明の必要がないかもしれませんが、バターを敷いたフライパンで鶏肉の塊を丸ごとこんがりと焼き上げます。焼き上げたら切り分けて、塩、コショウでいただきましょう。

経験を積んで作曲家の道へ

「黒い犬事件」が強烈なトラウマとなってしまったのでしょうか。サリエーリはその後、師ガスマンの言葉を忠実に守り、音楽を多分に吸収していきます。それに応えるかのようにガスマンも、自身が宮廷劇場で指揮を務めるオペラの挿入アリア、重唱曲、フィナーレの作曲をサリエーリに任せるようになりました。

本章の「主役」であるガスマンは、1766年から亡くなる1774年まで、およそ8年もの間、サリエーリを無償で教育しました。これは、ガスマンがサリエーリと似たような境遇をもち、周囲の協力と援助によって音楽家となったことから、自分が受けた音楽教育を次世代の才能豊かな音楽家の卵に与えていこうという考えもあったのでしょう。いっぽうで、モチェニーゴ家から養育費として、まとまった金額を受け取っていたのではないかとも推察されています。このことを、おそらくサリエーリは知らなかったことでしょう。ただ、ガスマンの教育はサリエーリの人格形成に大きな影響を与えたことは事実です。

ウィーンに到着した翌日に連れていかれた教会で、ガスマンから伝えられたのは次のような言葉だったとサリエーリはモーゼルに伝えています。

私はこれから君に音楽教育を授けることを神に誓ってきたよ。君が成功をおさめるかどうかは、君次第だ。私はただ自分の義務を果たすまでだ。

サリエーリはガスマンの死後、遺族に経済的援助を与え、ガスマンの2人の遺児（マリーア・アンナとマリーア・テレーゼ）に音楽教育を施しました。そして、その後も最晩年にいたるまで、ウィーンの優秀な音楽家に無償で音楽教育を与えてゆくことになります。

着実にオペラ作曲家の道を歩んでゆくことになったサリエーリ。次章ではサリエーリのオペラ作品である《ヴェネツィアの市》のオペラ飯《メシ》を紹介します。

第3章

〜1772年〜

《ヴェネツィアの市》とお菓子

あるいは
モーツァルトから
サリエーリへの返答

オペラ《ヴェネツィアの市》

（オーストリア国立図書館）

筆写総譜（第 1 幕 第 1 景）

作品情報

《ヴェネツィアの市》
作曲　アントニオ・サリエーリ
台本　ジョヴァンニ・ガストーネ・ボッケリーニ
言語　イタリア語
初演　1772 年 1 月 29 日　ウィーン、ブルク劇場

オペラ作曲家デビュー

ガスマンのもとで修行を積んだサリエーリは、1770年に《女文士たち》でオペラ作曲家としてのデビューを果たします。そして翌年の1771年6月に初演されたオペラ《アルミーダ》も大成功を収め、サリエーリは皇帝ヨーゼフ2世から新たなオペラの依頼を受けます。それが、翌年1月にウィーンで初演となるオペラ《ヴェネツィアの市》です。

ヨーゼフ2世はよほどサリエーリのことを気に入っていたのか、この作品が初演される3週間ほど前の1月9日に、トスカーナ大公である弟レーオポルト公へ手紙を送り、サリエーリの新作オペラをフィレンツェで上演できないか尋ねています。しかし、レーオポルト公の返信は、フィレンツェでは新作を欲しておらず、謝肉祭に上演するオペラ・セーリアは常に**混成作品**《パスティッチョ》であり、2つ目のオペラも別の作曲家に依頼済みというつれないものでした。

ヨーゼフ2世の思惑は外れてしまったものの、《ヴェネツィアの市》はこの手紙から20日後の1月29日にウィーンのブルク劇場で初演されました。タイトルの通り、大きな市で賑わうヴェネツィアが舞台です。少々長いですが、オペラの第1幕・第1景を抜粋して紹介します。

《ヴェネツィアの市》第1幕・第1景

ヴェネツィアの広場、商人たちの屋台が数多く出ている。とくに目立つのは帽子屋、金属細工商、織物屋、飾髪《かつら》屋、袖章屋、果物屋、チャンベッラ（粉もの菓子）屋等々。

〔登場人物の説明〕クリスタッリーナが小物入れを携え市場に登場。グリファーニョひとり〔で散策〕。オストロゴートとファルシレーナは仮面《バウッタ》をつけて一緒に行動。ベルフストは隠れながらファルシレーナの後をつけている。その他、仮面をつけた人々、買い物客たちなどが市場を行き交う。

商人たちの合唱　何を買おう？　何に消費しよう？
　ここには何でも売っている
　しかも実にお値ごろで　何でも手に入る！

クリスタッリーナ　仮面もあるわ！

袖章屋　袖章もあるよ！

飾髪屋　飾髪でござい。

果物商　レモンはいかが？

織物屋　外套もありますぜ。

帽子屋　帽子はどうでしょう？

チャンベッラ（粉もの菓子）屋
　パスティッチョは、コンフェッティはいかがです？

グリファーニョ　あのパスティッチョ、どれもすごくうまそうでござるな！
　…［中略］…
チャンベッラ屋　ホカホカですよ。
グリファーニョ　おおなんとすばらしい！
チャンベッラ屋　甘くておいしいですぜ。
グリファーニョ　こいつはみごとだ！
クリスタッリーナ　こんなにきれいな飾り紐もあるわ
　フランドルにもめったにないくらいよ！
果物屋　オレンジでございい。
織物屋　カーペットたくさん。
金属細工屋　フォークやナイフもいろいろ。
袖章屋　リボンはいかが。
合唱　しかも実にお値ごろで　何でも手に入る！
グリファーニョ　ちょいと喉を通させてもらうか。
チャンベッラ屋　パスティッチョをご所望の方はどちらで？
ファルシレーナ〔チャンベッラ屋から歌いかけるように、声をまねつつ〕
　1個あたり金貨1枚ですよ！
グリファーニョ　ほうほう、お値ごろだ！　しかし今日は精進日だな。

帽子屋　綺麗な帽子をお求めの方は？
オストロゴート〔帽子屋から歌いかけるように、声をまねつつ〕銅貨２枚ですぜ。
織物屋　服もいろいろ、外套もございますよ！
オストロゴート〔声まねをして〕銅貨２枚でお分けしましょう！
グリファーニョ　４ソルドで服が１着、外套が１着か！
金属細工商　銀の剣がひと振りございます。
オストロゴート〔声まねをして〕たったの銅貨２枚でございますよ！
……〔中略〕……
グリファーニョ　なんたる酔狂！　なんでも銅貨２枚とは。そこでパスティッチョだけ金貨１枚するときたもんだ！　ちゃんと値ごろのものが欲しい。さて、では織物屋よ！　あの服をちょっと見たい。

（訳：白沢達生）

名残惜しいですが、一旦途中で切り上げます。このシーンからもわかる通り、ヴェネツィアの市場の活況ぶりと、市場に売り出している品々の豊富な様子が鮮明に伝わってきます。「**何**

でも売っている」「**お値ごろで**」「**何でも手に入る**」、それがヴェネツィアの市場でした。

実際のところ、さまざまなものがヴェネツィアに供給されていました。最盛期である15世紀末にヴェネツィアに行き来していたものを紹介します。ヨーロッパ世界からは毛織物、木材、金属、羊毛、小麦、ぶどう酒などが。スラヴ世界からは小麦、木材、ハチミツ、麻などが。ビザンツ世界からは工芸品、絹織物、染料などが。イスラム世界から香辛料、陶磁器、砂糖、綿織物、香水などが輸入されてきました。当時のヴェネツィアでは、日常品から嗜好品まで、ありとあらゆるものが世界のあらゆる地域から集められ、市場が形成されていたのです。

オペラ飯《メシ》の世界――《ヴェネツィアの市》のお菓子

改めて、オペラの第1幕・第1景に戻りましょう。この場面では多種多様のものがヴェネツィアの市場で売られています。注目すべきはやはり**チャンベッラ（粉もの菓子）屋**でしょう。「パスティッチョはいかが？　コンフェッティはいかが？」と市場を通り過ぎる買い物客に声を張り上げていますが、これらはどのようなお菓子だったのでしょうか。

まずは**コンフェッティ**を紹介します。コンフェッティを辞書で引くと「紙吹雪。婚礼やパレード、カーニバルなどでまいたり、投げ合ったりする細かく切った色紙」（『大辞泉』）と出てきますが、大元の意味は砂糖菓子のこと。とくにアーモンドに砂糖をまぶしたお菓子を指します。活況の市場で売られていました。時代が下ると、糖衣コーティングが施されたものが登場し、白やピンク、水色、黄色、時には金色や銀色など色とりどりにコーティングされたアーモンド菓子にアレンジされました。そして面白いことに、謝肉祭の時に包装紙に包んだコンフェッティがばらまかれたことから、包んでいる紙もコンフェッティと言われるようになりました。

ちなみに、１５６９年にポルトガルの宣教師ルイス・フロイスが織田信長に献上したという**金平糖**《こんぺいとう》も、起源はコンフェッティと同じです。ポルトガル語の「コンフェイト（confeito）」が「こんぺいとう」となったものです。

当時の金平糖の作り方が井原西鶴著の『日本永代蔵』の第五巻に書かれています。

此金餅糖《こんぺいとう》も種のなきにや、胡麻より砂糖をかけて、次第にまろめければ、第一胡麻の仕掛に大事あらんと、思案しすまし、まづ胡麻を砂糖にて煎じ、幾日もほし、乾て後煮鍋へ蒔てぬくもりのゆくにしたがひ、胡麻より砂糖を吹出し、自から金餅糖となりぬ、胡麻壹升を種にして金餅糖貳百（二百）斤になりける、壹（一）斤四分にて出來し物、五匁に賣ける程に、年もかさねぬ内に、是にて貳百貫目を仕出しぬ

場所が変われば、材料や作り方が変容していく面白い例ですね。もともとヴェネツィアではアーモンドに砂糖をまぶしたお菓子だったものが、ポルトガルを経由して日本までやってくると、ゴマに砂糖を加えて煎《い》りながら乾燥させて、鍋に入れて温めてを繰り返してできたお菓子になっていくのですから。

パスティッチョ

この粉菓子屋が特に推しているお菓子が**パスティッチョ**。値段を言っているのは売り子ではなく、グリファーニョをからかおうとしているファルシレーナですが、なんと言っても、他のものは銅貨で買えるというのに、パスティッチョだけは金貨（＝ゼッキーノ）が使われています。

パスティッチョは、いろいろな詰め物をさまざまな生地で包んだ料理です。第1章で紹介したスカッピの料理書『オペラ』では、パスティッチョをパイ料理と定義していました。茹でたパスタを包んだパイ料理に始まり、「**子牛肉**」、「**牛の舌**」、「**若イノシシ**（あるいは豚）**の脚**」、「**ウサギ**」、「**エンドウ豆**」、「**ヤマウズラ**」、「**鶏肉**」、さらには「**牛の睾丸**」に至るまで、馴染みのある食材から変わり種まで、40種類以上のパスティッチョが紹介されています。現在「パスティッチョ」という料理名で知られているのは、いろいろな茹でパスタにソースをからめて固めて焼いたマカロニパイですが、かつては主に肉類を包んで焼き上げるパイ料理という側面が大きかったようです。

そんな16世紀のパスティッチョは「フランスからの風」を受けて進化していきます。1570年代に刊行されたスカッピの『オペラ』では、料理の内容は依然として中世文化と深く結びついていました。それに対し、17世紀のフランスの料理書では、甘さと酸《す》っぱさの組み合わせからの脱却、香辛料の使用量の再編、酸味のあるソースから脂を基礎とするソースへの転換と、新たな時代の料理への革新が行なわれていました。

パスティッチョも例外ではなく、1680年に刊行され、100年以上のロングセラーを誇ったイタリアの料理書『フランスの料理人（Il Cuoco Francese）』では、「**砂糖のパスティッチョ**」や「**砂糖ソースのパスティッチョ**」が登場します。いずれも味の決め手は、砂糖をたっぷりと加えたソースです。

《ヴェネツィアの市》に登場するパスティッチョは、「**すごくうまそう**」に感じられ、「**ホカホカ**」で「**甘くおいしい**」ものでした。そう、この市場で売られているパスティッチョは甘いのが特徴です。そこで、18世紀のパスティッチョとして、砂糖のたっぷり入った「**マカロニのパスティッチョ**」を紹介します［↓巻頭レシピ17頁］。ヨーロッパの名家に仕えた経験を持つローマ出身のフランチェスコ・レオナルディが1790年に編纂した『現代のアキピウス』という料理書に載っているもので、おそらく現代に伝わるパスティッチョの原型と思われます。茹でたマカロニパスタと、砂糖を加えたソースとを層にしていき、外側をパイ生地で覆ってオーブンで焼き上げます。

砂糖入りのパスティッチョは、今では塩味と甘みを同時に味わえる伝統的なマカロニパイでのみ使われる稀少な料理となりました。中世から作られてきたイタリア伝統パイに、近世にフランスからの新たな味を受け継いだ《ヴェネツィアの市》のパスティッチョ。サリエーリ好みの18世紀の「甘いマカロニパイ」としていただきましょう。

ブッソライ

本書では、《ヴェネツィアの市》の「チャンベッラ屋」を「粉もの菓子屋」と訳していますが、「チャンベッラ」にはイタリアにおけるリング状の型を使って焼かれるケーキの意味もあります。ドーナツやシフォンケーキ、クグロフをイメージしていただくといいでしょう。

このチャンベッラ、ヴェネツィアでは**ブッソライ**という名前のビスコットとして、1300年代から船客用、海軍用として作られてきた伝統菓子のことも指します。もともとイタリア語で羅針盤を意味するブッソラ（bussola）がヴェネツィア訛りしてブッソライとなったとか。とにかく長持ちし、腹持ちもいいことから、ヴェネツィア艦隊の船員のお供としても重宝されました［→巻頭レシピ20頁］。

ちなみにイタリア語の「ビスコット（biscotto）」はラテン語で「2度焼かれたもの」という意味のビスコクトゥス（bis coctus）あるいは「2度焼かれたパン」を意味するビスコクトゥス・パーニス（bis coctus panis）を語源としています。パンの一種から焼き菓子が派生しているという豆知識でした。

ザエーティ

最後に、この作品には登場しませんが、ヴェネツィアのお菓子で有名なものをひとつ紹介します。それがご当地ビスケットのザエーティ（Zaeti）。意味は「黄色いヤツ」です［→巻頭レシピ19頁］。イタリア語のジャッロ（Giallo）が黄色を、ジャレッティ（Gialletti）が小さくて黄色いものを意味しています。このジャレッティをヴェネツィア語で話されているように綴るとザエーティ（Zaeti）になるのでした。

　このビスケットの特徴は、何といってもコーンミールを使用する点です。今でこそヴェネツィア地方の伝統的なビスケットと言われていますが、使用する食材は実のところ新大陸から入ってきた「新顔」でした。

　ヴェネツィアにトウモロコシがやってきたのは１５２０年代。スペインのセビージャからトウモロコシの種子を譲り受けて持ち帰った記録があるのが最初です。その後、１５５０年代には「陸のヴェネツィア」でトウモロコシの栽培が始められ、食用化。16世紀末、トウモロコシの粉を小麦や他の粉と混ぜてパンが作られるようになりました。

　コーンミールと薄力粉を混ぜて作られるザエーティも、それ以来４００年以上親しまれてきました。コーンミールは、小麦粉、ライ麦粉という古代ローマから受け継がれる2種類の粉に次ぐ、新世界からの第三勢力ではありますが、この黄色いお菓子はヴェネツィアっ子のお気に入りとなり、主に謝肉祭の時期に出回りました。

モーツァルトの《ヴェネツィアの市》変奏曲

《ヴェネツィアの市》は、ヴォルフガング・アマデウス・モーツァルト（1759～91年）がサリエーリの存在を初めて認識したオペラと言ってもいいでしょう。初演から1年後の1773年の秋に、モーツァルトは《ヴェネツィアの市》から第2幕フィナーレの「わが愛しのアドーネ」を主題に6つの**変奏曲**（K.180 [173c]）を作曲しています。

この時期、モーツァルト親子はザルツブルクを離れ、ウィーンにいました。アマデウスにとっては3度目のウィーン滞在で、この期間中にサリエーリのオペラを聴いて、純粋に気に入ったのでしょうか。その主題による変奏曲を残しています。モーツァルトがサリエーリと知り合って、音楽のライヴァルとしてお互い意識する存在になっていくのは、モーツァルトがウィーンで就職活動を始めた1778年以降です。しかし若き日のモーツァルトは、その5年前にはすでに《ヴェネツィアの市》をきっかけに生み出された作品を通して、サリエーリとのファーストコンタクトを果たしていたのでした。

モーツァルト（1770年）

なお、モーツァルト自身がこのオペラに言及した記録は残されていませんが、父親のレーオポルトは後年、娘宛の手紙で辛辣にこき下ろしています。

（上演されるのは）サリエーリの《ヴェネツィアの市》で、これは私には苦しみです。だって、実際このオペラは、音楽に関する限り、はなはだくどくどしく陳腐な限りの楽想が一杯詰まっていて、いやに古くさく、不自然で、しかもまことに空虚な和声のものだからです。フィナーレだけはまだ我慢できます。作品の題材はいつものようにまことに馬鹿げたイタ公の餓鬼物で、健全な悟性にはまったく反しているものです。

（レーオポルト・モーツァルトよりザンクト・ギルゲンの娘に

ザルツブルク、1785年11月28日）

サリエーリ憎けりゃ、袈裟（作品）まで憎いようで…。ただ、1778年の手紙では、息子ヴォルフガングの変奏曲の楽譜を売り出せばもっともっと売れるだろうとしたためています。息子の出世を阻むサリエーリが気に入らないのはわかりますが、普通であれば、ボロクソにけなすような曲をテーマにした息子の変奏曲も否定しなければいけないような気もするのですが、これはこれ、それはそれ。

とにもかくにもサリエーリにとってこの1772年という年は、順調にオペラを我が物としていった年でした。マリア・テレジアも義娘マリーア・ベアトリーチェ宛の書簡でサリエーリのことを「私たちの作曲家」のひとりとして挙げており、サリエーリの存在感がウィーン宮廷で日ごとに高まっていったのがわかります。

次章では、サリエーリのパリデビュー公演と、マリー・アントワネットと食べた料理、そしてオペラ飯《メシ》として「古代エジプトの宴」を紹介します。

Column

ヴェネツィアのアマデウス
～モーツァルトの食卓1～

サリエーリのオペラ《ヴェネツィアの市》の主題「わが愛しのアドーネ」による変奏曲の作曲からさかのぼること2年、モーツァルトは1771年2月にヴェネツィアを訪問しています。モーツァルト親子にとって最初のイタリア旅行で、チロル地方からミラノ、ローマ、ナポリと経由していったんローマに戻り、フィレンツェ、ボローニャ、ミラノ、ヴェネツィアを抜けてザルツブルクに戻る行程でした。

モーツァルト親子がヴェネツィアに到着したのは、1771年2月11日の月曜の朝でした。謝肉祭の時期にあたるこの日、ヴェネツィアの街は活況に満ちていました。翌々日の13日が灰の水曜日で、四旬節の初日（復活祭の46日前）にあたるため、盛り上がりも最高潮を迎えつつありました。そんな中、ヴェネツィアに入ったモーツァルト親子は、運のいいことにヴェネツィア発祥の本場の仮面舞踏会もサン・マルコ広場で見ることができました。

ヴェネツィアを発ったのは、3月12日火曜日でしたので、モーツァルト親子はほぼ1か月の間ヴェネツィアに滞在していたことになります。この滞在期間中にヴェネツィア商人のヴィーダー家で食事を何度もごちそうになり、コロナーロ家、グリマーニ家、モチェニーゴ家、ドルフィーン家、ヴァリエール家などの元ヴェネツィア共

モーツァルトとその家族（1780 年）

和国総督の邸宅にも招待され、モーツァルトはそこで自分の腕前を披露しています。

さまざまな会食を味わい、ありとあらゆるヴェネツィア料理を食べたと思われるモーツァルト親子ですが、残念ながら手紙には具体的な料理名は挙げられていません。毎夜毎夜ごちそうにあずかっていたので、料理の詳細もぼやけてしまったのでしょうか。

それでもきっと、モーツァルト親子は謝肉祭に登場するヴェネツィアのお菓子を食べていたのではないでしょうか。ヴェネツィアの市場で出されていたパスティッチョやチャンベッラ、ザエーティにフリテッレ、ガラーニなど、さまざまな揚げ菓子や焼き菓子を味わいながら仮面舞踏会を鑑賞していたことでしょう。

第4章

〜1784年〜

《ダナオスの娘たち》の祝宴

あるいは
マリー・アントワネットと
サリエーリの練習三昧

オペラ《ダナオスの娘たち》

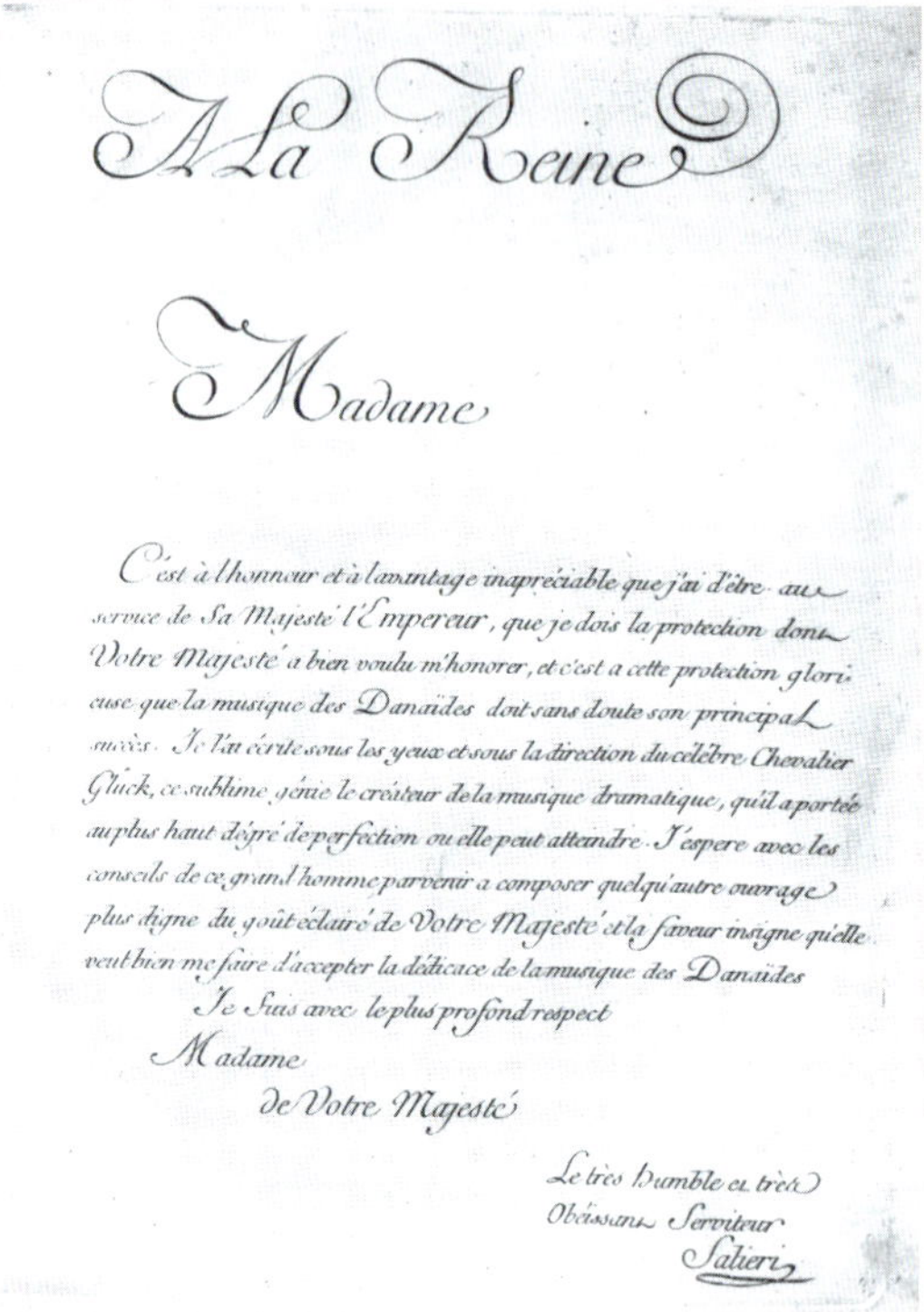
A La Reine

Madame

C'est à l'honneur et à l'avantage inapréciable que j'ai d'être au
service de Sa Majesté l'Empereur, que je dois la protection dont
Votre Majesté a bien voulu m'honorer, et c'est a cette protection glori-
euse que la musique des Danaïdes doit sans doute son principal
succès. Je l'ai écrite sous les yeux et sous la direction du célèbre Chevalier
Gluck, ce sublime génie le créateur de la musique dramatique, qu'il a portée
au plus haut dégré de perfection ou elle peut atteindre. J'espere avec les
conseils de ce grand homme parvenir a composer quelqu'autre ouvrage
plus digne du goût éclairé de Votre Majesté et la faveur insigne qu'elle
veut bien me faire d'accepter la dédicace de la musique des Danaïdes

Je suis avec le plus profond respect

Madame

de Votre Majesté

Le très humble et très
Obéissant Serviteur
Salieri

（北テキサス大学図書館）

総譜の初版に印刷されたマリー・アントワネットへの献辞

作品情報

《ダナオスの娘たち》

作曲　アントニオ・サリエーリ

台本　マリー＝フランソワ＝ルイ・ガン・ルブラン・デュ・ルレ
及びジャン＝バティスト＝ルイ＝テオドル・チューディ

原作　ラニエーリ・デ・カルツァビージ『イペルメストラ』（イタリア語の台本）

言語　フランス語

初演　1784年4月26日　パリ、王立音楽アカデミー劇場（オペラ座）

1784年5月18日付の『パリ新聞』に、サリエーリは次のような声明を載せました。

> 私がオペラ《ダナオスの娘たち》の音楽を自分ひとりで作曲したのは真実です

これは、同月16日の同紙に、このオペラの作曲者と噂された**クリストフ・ヴィリバルト・グルック**（1714～87年）による声明

> 《ダナオスの娘たち》の音楽はすべてサリエーリが作曲し、自分はアドバイスをしたに過ぎない

を受けての答礼のメッセージでした。

グルック（1775年）

グルックは、ウィーンの宮廷作曲家で、サリエーリのウィーンでのもうひとりの作曲の師匠です。サリエーリは、ガスマンとは異なるオペラ作曲のアプローチを教わっていました。

実は、この《ダナオスの娘たち》は、サリエーリが初めて作曲したフランス語の台本によるオペラで、サ

リエーリの作品がフランスで初演を迎えるのも初めてという、初物尽くしとなったものでした。グルックやヨーゼフ2世など、さまざまな有力者のお膳立てでお披露目となった本作品ですが、初演が終わるまで、否、終わってもなお、聴衆はグルックの作品と信じて疑っていませんでした。どうしてこんなことになったのでしょうか。《ダナオスの娘たち》プロジェクトの様相をひも解いてみることにしましょう。

グルックの発作

舞台は3年前にさかのぼります。当時、グルックはオペラ作曲家として、パリとウィーンを行き来する生活を送っていました。しかし1781年春にウィーンで卒中の発作に襲われて右半身が一時不自由となり、パリに戻ることができなくなりました。

グルックがこのような状態になってしまったいっぽうで、あるプロジェクトが水面下で進行していました。ラニエーリ・デ・カルツァビージの台本のフランス語訳である《ダナオスの娘たち》の公演です。パリでのグルックの協力者ともいうべきフランソワ＝ルイ・ガン・ルブラン・デュ・ルレ及びジャン＝バティスト＝ルイ＝テオドル・チューディによってフランス語への翻訳が進んでいたのです。こうして外堀が埋められてゆき、グルックはもうこのオペラを作曲せざるをえない状況に立たされてしまいました。

グルックは考えました。すでにこのプロジェクトは動き始めていて、中止するのは難しい。

だからといって、自分の健康状態から気軽に引き受けることはできない。ここは弟子であるサリエーリにすべてを任せよう。そして、サリエーリに作曲だけに集中してもらうべく、上演に関する交渉事は自分のパリでの知名度を利用しようと計画を企てました。名プロデューサー・グルックの誕生です。

困惑のサリエーリ、快刀乱麻のグルック

本プロジェクトをグルック本人から伝えられた時、サリエーリは大変困惑したことでしょう。それもそのはず、サリエーリはこの時までパリを訪問もしたこともなければ、フランス語のオペラを作曲したこともなかったのです。言語が違えば、オペラの構成も変える必要があります。それはサリエーリにとっては全くの未知の領域でした。しかも、パリのオペラ界は陰謀と策略渦巻く魑魅魍魎《ちみもうりょう》の世界。パリで知名度が全くない自分がポンと飛び込んで、パリの聴衆を満足させるのが非常に難しいのは明らかでした。

そんな不安げなサリエーリに対し、グルックは本プロジェクトの後方支援を約束し、作品だけに向かい合う環境作りを行なってくれました。

1782年8月、グルックはパリのオペラ座理事会に以下のような内容の書簡を送りました。

・《イペルムネストル》(《ダナオスの娘たち》の当初のタイトル表記)を作曲し、翌

1783年10月にパリに持参する。
・最初の2幕をグルック自身が作曲し、残りを別の作曲家が作る。

オペラ座理事会は1782年8月19日の会議で、このグルックの提案を検討し、これを基本的には了承します。そして5か月経った翌1783年1月。グルックは次なる策として、新たな書簡をオペラ座理事会に送っています。その内容は以下の通りです。

・自分（グルック）は健康上の理由によりパリに行くことは難しく、代わりに自分の弟子であるアントニオ・サリエーリに《ダナオスの娘たち》を持参させたい。
・ついては基本合意していた作曲料と台本料を2万フランから1万2千フランに減額することもやぶさかではない。

しかし、この提案を検討したオペラ座理事会は、グルックはサリエーリに作曲させようとしていると判断し、パリではその能力が未知数の作曲家アントニオ・サリエーリの作品を検分する必要があると申し伝えています。

この返答から、正面突破は難しいと判断したグルックは、サリエーリが手掛けることをひた隠しにし、表向きはあくまでもグルック自身の作曲による《ダナオスの娘たち》として、本プロジェクトを進行させることに決めました。

グルックとオペラ座理事会の間で交わされた基本合意にもとづき、1783年1月から《ダナオスの娘たち》の作曲が始まりました。サリエーリは、グルックのアドバイスを忠実に守りながら作曲を進め、グルックはサリエーリに、音楽のアイディアやフランス語の朗唱法にいたるまで数多くのアドバイスを与えて、作品の完成を手助けしました。

グルックからの示唆が多分に入っているとしても、あくまでサリエーリがひとりで作り上げたものでした。ただし、表向きはグルックとサリエーリの共作オペラであり、グルックが作っている比重が大きいと認識される必要がありました。パリで名の通っているグルックの久々の新作オペラとして大々的に宣伝しなければ、オペラの集客にかかわってくるからです。

その経緯を見守る皇帝ヨーゼフ2世も、サリエーリのパリでの初公演を何としても成功させたいとの思いから、後方支援を行ないます。ヨーゼフ2世がサリエーリに託したメルシ・ダルジャントー伯爵宛ての書簡の中で「作品を成功に導くための助力」を求めて、妹のフランス王妃マリー・アントワネットへの仲介を求めたのです。

マリー・アントワネットとのレッスン

そう、オペラ《ダナオスの娘たち》を成功に導いた人物としてフランス王妃**マリー・アントワネット**（1755~93年）の存在を忘れるわけにはいきません。

マリー・アントワネットは、まだウィーンの宮廷にいたころ、彼女は姉たちとともにグルッ

マリー・アントワネット（1785年）

クからチェンバロを教わっていました。1770年に結婚してフランス王室に移った後、グルックが1773年秋にオペラ上演のためにパリにやってくると、マリー・アントワネットは喜んでグルックの後ろ盾となりました。1774年上演のグルックのオペラ《アウリスのイフィジェニー》の成功は、マリー・アントワネットの尽力あってのものと言っても過言ではないでしょう。

　マリー・アントワネットのグルックへの信頼は篤く、1778年にグルックが3度のパリ滞在を終えて、ウィーンに帰ろうとする際には、マリー・アントワネットはマリア・テレジアへの伝言（これは「愛するママへの報告」として、2人の往復書簡の中に記されています）をグルックに託しています。

　そんなマリー・アントワネットにとって、自分がかつてウィーンにいた頃にグルックに師事していた5歳年上のサリエーリは、身近にいた音楽仲間であり、兄のような存在でした。

　そんなサリエーリのフランス初公演。ヨーゼフ2世に言われるまでもなく、積極的かつ直接的な協力を約束します。幼少期からチェンバロに親しみ、鍵盤楽器とともにハープも演奏し、ヴァイオリンなどもこよなく愛したマリー・アントワネットです。なんと、《ダナオスの娘たち》のリハーサル期間中、サリエーリをヴェルサイユ宮殿に3度招待し、そこで一緒にオペラの予習をしたそうです。その際に毎回サリエーリとともに歌ったというのですから、マリー・アントワネットにとってもサリエーリにとっても楽しい時間となったことでしょう。

こうして王妃の後ろ盾も受けながら、サリエーリは1784年1月5日にパリのオペラ座に乗り込み、上演に向けた準備を進めることになりました。

その後、主演歌手の理解の遅れと作品の第4幕、第5幕の変更に伴い、当初の初演日の4月19日から26日に変更されましたが、無事にこの日ポルト・サン＝マルタン劇場で《ダナオスの娘たち》は初演されました。マリー・アントワネットもそこに立ち合い、見事聴衆たちを魅了し、本プロジェクトは大成功を収めたのでした。

マリー・アントワネットとの氷菓子

そんな仲良し（?）コンビのサリエーリとマリー・アントワネットが、ヴェルサイユ宮殿で実際に何を食べたのかという記録は、残念ながら残されていません。しかし、当時のフランスで流行のお菓子や、1784年頃のマリー・アントワネットの傾向から想像することはできます。いくつか紹介しましょう。

マリア・テレジアとの10年に渡る往復書簡には、キナ・ワインという食前酒や滋養に富んだスープ、牛乳、ロバのミルクなどが登場します。キナ・ワインを除けばどれも、健康に関わる料理やドリンクが挙げられています。

また、18世紀後半の30年（1770～1800年頃）には、田舎風の生活を楽しむことがフランスで一種の流行となります。流行を取り込むことに熱心なマリー・アントワネットは、離宮として与えられたプチ・トリアノンの北端に人工の村里《アモー》を作ります。ここには農場や菜園があり、牛、羊、ヤギ、豚、ウサギが飼われていました。大麦やイチゴなどの果物も栽培されました。

この村里で取れた牛乳やイチゴを、客人に振舞って一緒に味わうのがマリー・アントワネットのおもてなしでした。なかでもイチゴを使った氷菓のシャーベットはお気に入りのひとつでした。砂糖とイチゴをじっくり加熱した後、氷を加えて冷却して味わうスイーツです［↓巻頭レシピ21頁］。砂糖に目がないサリエーリのこと、ヴェルサイユ宮殿でのレッスンが終わったあとの時間も楽しいものとなったのではないでしょうか。

このイチゴのシャーベットは、18世紀のフランス宮廷料理人であるムノンが1750年に著した『砂糖菓子職人の知』にレシピを載せています。

プチ・トリアノンの村里の一角に作られた氷室

イチゴのシャーベットを3つ作るにはイチゴを半リーブル（約250グラム）、レッドカラント（赤スグリ）を半カルトロン（約50グラム）用意し、テリーヌ鉢（現在使用するボウルのような形状）に入れて潰す。砂糖半リーブルと水1ショピーヌ（約470ミリリットル）加え、15分煮る。水が澄んでいなければ、澄むまで数回加熱する。澄んだら、テリーヌ鉢に戻し、氷の上から注ぎ、一緒にする。

この料理書の通りに作ってみると、イチゴと砂糖の量が同量となり、非常に甘いシャーベットができあがります。サリエーリにとってはこの砂糖の甘さ加減も満足できるものだったに違いありません。本書のレシピでは、料理書の内容は尊重しつつも、食べやすいように砂糖の量を調整して紹介しています。

また、レシピ原文ではフランス語のグロゼイユ（groseilles）と記されているレッドカラント（赤スグリ）はヨーロッパ原産のスグリ科の植物で、爽やかな酸味と色鮮やかな赤色が特徴です。イチゴとレッドカラントの組み合わせは絶妙で、酸味と甘みが楽しめます。村里で取れた食材を囲んで、サリエーリや他の演奏家たちとの会話も楽しんだことでしょう。

オペラの舞台は古代エジプト!?――《ダナオスの娘たち》の舞台背景

第3章に引き続いてオペラ飯《メシ》を紹介します。《ダナオスの娘たち》の物語の題材となったのはギリシア神話の、ダナオスとアイギュプトス、そしてその子どもたちに関わる伝説です。紀元後1~2世紀ごろにアポロドロスという人が書いた『文庫《ビブリオテーケー》』（邦題『ギリシア神話』）をもとに紹介しましょう。

昔、大神ゼウスによって牝牛に変えられたイオという女性の玄孫《やしゃご》に、ダナオスとアイギュプトスという兄弟がいました。彼らはそれぞれ北アフリカの王であり、ダナオスには50人の娘が、アイギュプトスには50人の息子がいました。

ある日、この兄弟の間に王権をめぐって争いが起こり、ダナオスと娘たちは先祖イオの故郷であるアルゴスへ逃れました。これに対し、アイギュプトスの息子たちは和解を求めアルゴスに来、加えて娘たちを妻にしたいと願い出ました。ダナオスはそれに同意したものの、故国を追われた恨みを忘れてはいませんでした。

古代エジプトの宴

オペラ《ダナオスの娘たち》では、第3幕で婚礼の宴会が始まります。本作品の舞台は古代ギリシアのアルゴスですが、アイギュプトスとその息子たちはエジプトを治めていた人々です。そのため、婚礼の宴会でも古代のエジプト料理が出されたことでしょう。1784年のパリの初演で、その舞台に古代エジプト料理、またはその作り物が出されていたかどうかはわかりませんが、婚礼の宴会の場面を真実味のあるものにするべく、古代エジプトの宴のオペラ飯を再現できればと思い、紹介します。

とはいうものの、残念ながら、古代エジプト人が何を食べていたかのヒントとなる料理書などの「直接資料」はありません。ただし、レシピ（作り方）は書いてないものの、当時何を食べていたかの記述が残された「間接資料」はいくつか存在し、古代エジプト人が何を味わっていたかの手がかりはつかむことができます。

たとえば、「歴史の父」として知られるヘロドトスの著書『歴史』には、エジプトの食についての記述が確認できます。

パンはオリュラという穀物で作ったものを常食としているが、このパンはエジプト語ではキュレスティスという。酒は大麦から製したものを用いている。この国では葡萄を産せぬからである。

また、紀元2世紀に書かれた、アテナイオスという人の手による著作『食卓の賢人たち』にも、次のようなエジプトの食の描写がみられます。

また、豚の肉、小さな深皿に大麦粥また季節の野菜、それと卵を二個、作りたてのチーズ、干し無花果、平焼きパン、そして花冠を供した。……［中略］……家で自分用に調理した葉ものや豆類、あるいは塩魚や鮮魚、それにわずかな豚肉を持ち込んだ。

こうした「間接資料」とも言うべき食の描写は、まさに古代エジプト人が何を味わっていたかを窺い知ることができる例となっています。これらの描写から「《ダナオスの娘たち》の宴」を推理していきましょう ［↓巻頭レシピ23頁］。

「オリュラ」という名のパン

古代エジプトにおいて、**パン**は紀元前４０００年頃の先王朝時代から基本的な飲食物の地位を占め、庶民から王族まで幅広い階層の人々がパンを味わってきました。新王国時代（紀元前約１５６７〜前１０８５年）ではエンマー小麦を発酵させたパンや、現代のインド料理で出されるようなナンのような平焼きパンなどを食べていました。

さて、数多ある古代エジプトパンの中から、先のヘロドトスによる「オリュラという穀物で作ったパン」を作ってみることにしましょう。穀物オリュラで作ったパンとはどういったものだったでしょうか。酒は大麦から製したものがあると記されているので、パンも大麦が原料になるでしょうか。

ところで、エジプト文明圏に非常に近い場所に位置する東アフリカのエチオピアでは**インジェラ**というパンもしくはクレープが食べられています。このインジェラは、大麦と同じイネ科に属する穀物であるテフの粉を水で溶いて混ぜ合わせてからフライパンで薄く焼いたクレープもしくはナンのような料理です。もともとエチオピア北部で紀元前100年には食べられていたという、非常に酸っぱい味の伝統料理です。インジェラによく似た、テフ粉を使って焼き上げた料理をオリュラと捉えるのも悪くないかもしれません。テフ粉にイーストを加えて寝かせ、少々の薄力粉を加えたものを、《ダナオスの娘たち》版オリュラとして婚礼の舞台アルゴスで食べたことにしましょう。

豚肉を宴用に飾り立て

先ほど引用した『食卓の賢人たち』では、豚肉の描写がありましたが、エジプトではそれ以外にも牛、羊、ヤギ、ガチョウなどが、とりわけ上流階級の食卓に上がりました。なかでも牛は、神への生贄として祭壇に捧げられました。

さて、今回は婚礼の宴ですから、牛ではなく豚肉を使いましょう。1頭まるごと使うのは現実的ではありませんので、フライパンにバターを引いて、塩をふった塊の肉を焼いていきましょう。当時の料理法はシンプルで、煮る、焼く、炙るなどです。弱火で全体を転がしながらじっくり焦げ目がつくくらい炙り焼き、中まで火が通ったら完成です。

盛り付けでは、古代エジプトで産した野菜のひとつであるキャベツを肉の下に敷いてみました。宴が落ち着いたら、塊肉を切り分けて100人に分け与えたいですね。

エジプト酒はビール？　ワイン？

古代エジプトではお酒もまた紀元前４０００年頃の先王朝時代から飲まれてきました。一般的に、上流階級の嗜好品が**ワイン**で、庶民が日常に飲むものが**ビール**でした。

ところで、ヘロドトス著『歴史』では先に引用したように、「酒は大麦から製したものを用いている。この国では葡萄を産せぬ」とあります。実際のところ、エジプトでは葡萄がまったく栽培されていなかったわけではありませんが、ビールに比べ、ワイン造りに適した地はかなり限定されていました。良質のワインは現在のシリア、パレスチナのレヴァント(東地中海沿岸)地方から輸入されていたのです。レヴァント地方は野生のブドウが自生する地域であり、オリーブやブドウなどの果実栽培で知られた土地柄で、ワインがメインドリンクでした。

エジプトでもワインは飲まれていましたが、よりビールに適した土地だったと考えてよいでしょう。ビールは愉しみとして味わうばかりではなく、医薬品として摂ることもありました。薬の一種として、ビールの中にさまざまな香草や香辛料を入れて飲んでいたのでした。例えば、タマネギを半個泡立つビールにいれたものは便秘に効くと信じられていたり、サフランとビールを混ぜたものは女性の陣痛を和らげる効果をもたらすものだったり、粉末状にしたオリーブをビールに加えたら消化促進につながると考えられていました。

その中でもデーツ（ナツメヤシ）はエジプトに古くからあり、ビールの原料にも使われていました。残念ながら、日本では酒税法により、個人でのビール作りは法律で禁じられていますが、上記に登場した香草や香辛料の一部を使い、現在のビールと混ぜ合わせて古代エジプト風ビールカクテルならできそうです。

今回はデーツをすり鉢で潰してビールに混ぜ合わせながら、最後にサフランを加えたものを黄金色の古代エジプト風ビールとして、宴に花を添えたい次第です。

名声を得たサリエーリ

初演の大成功の後に、本章冒頭で引用したグルックとサリエーリの声明がパリ新聞に載り、ようやく世間も《ダナオスの娘たち》がサリエーリの作品であることを理解しました。そして、パリのオペラ座で初演から2年7か月にわたって32回上演され、その後も１８２８年までに95回も再演されるヒット作となりました。

サリエーリは、この公演の成功によりパリ・オペラ座理事会から無事に作曲料と台本料を受け取り、さらに新作オペラの依頼も受けました。そして《ダナオスの娘たち》のヒットによって、サリエーリの名前がヨーロッパ中に知れ渡ったのです。

次章では、パリとウィーンを行き来するようになったサリエーリを待ち受ける怒濤の日々と、そんなサリエーリを支えた家族との幸せなひとときと料理を紹介します。

Column

「パンがなければ…」
～マリー・アントワネットとパン～

マリー・アントワネットを表すフレーズに「パンがなければ、ブリオッシュを食べればいいじゃない」またはそのアレンジで「パンがなければ、お菓子を食べればいいじゃない」が有名です。実際のところ、そんなことを言ったのでしょうか。

母親であるマリア・テレジアには1775年に次のような手紙を送っています。

出産も婚礼もいっぺんにお祝いするはずなのですが、祝典はごくささやかなものになる予定です。お金を節約するためです。でも、一番大切なことは、民びとにたいしてお手本を示すことです。パンの値段が上がってたいそう苦しんでいるからです。でもうれしいことにまた希望が湧いてきました。麦の育ち具合がとても順調だったものですから、収穫のあとはパンの値下がりが見込まれているのです。

これを見ると、史実ではまったく正反対の姿を映し出しています。パンの値段が上がり生活が苦しい民衆を慮《おもんばか》って、お金を節約したいと考えていたり、収穫後にパンの価格の値下がりが見込まれて嬉しいと感じている素朴なマリー・アントワネットの姿がそこにはありました。

そもそも「パンがなければ…」は、マリー・アントワネットが言ったものではありません。

明確な出典は、1765年に刊行されたジャン・ジャック・ルソーの自伝的作品である『告白』の6巻で、その中には次のように書かれています。

こうして私は最後に、領地の農民たちがパンがないと言っている話を聞いて、それに答えたとある大王妃の心ない言葉を思い出しました。彼らにブリオッシュを食べさせればいいという言葉を。

ルソーは世話になっていたとある屋敷で、おいしいワインをこっそりと盗み飲む習慣を身に着けます。ところが、彼はパンがないとワインが飲めません。そのあたりのパン屋に走るには少々あか抜けた格好をしていたルソーは、この言葉を思い出して、パンではなくブリオッシュを求めてさまようわけです。あまりに突飛な行動に、ツッコミを入れたくなるほどです。

話を戻しましょう。『告白』が刊行された1765年、マリー・アントワネットはまだ10歳になるかならないかの時で、当然ながら結婚もしていなければ、フランス王妃でもありません。ウィーンの宮廷で健やかに育っていた頃でした。フランス革命で民衆の反感を買ってしまったことが大きかったのでしょうか。ルソーの戯言が、マリー・アントワネット本人が言ったかのように受け止められ、火に油を注ぐことになってしまったのです。とても恐ろしい話です。母マリア・テレジアへの手紙にあるようなマリー・アントワネットの純情な思いが民衆に3分の1でも、4分の1でも伝わっていればという思いにかられます。

「サリエーリのモーツァルト毒殺」の噂よりも禍々しく、真実味のないこのフレーズ。後世の私たちができることは、マリー・アントワネットが言ったものではないという史実を提示し、客観的に声を上げて、否定し続けていくことでしょう。

第5章

~1788年~

激務のあとの癒やしのスープ

あるいは
家族との幸せな思い出と
リウマチ回復祈願

《タラール》と《オルムスの王アクスール》

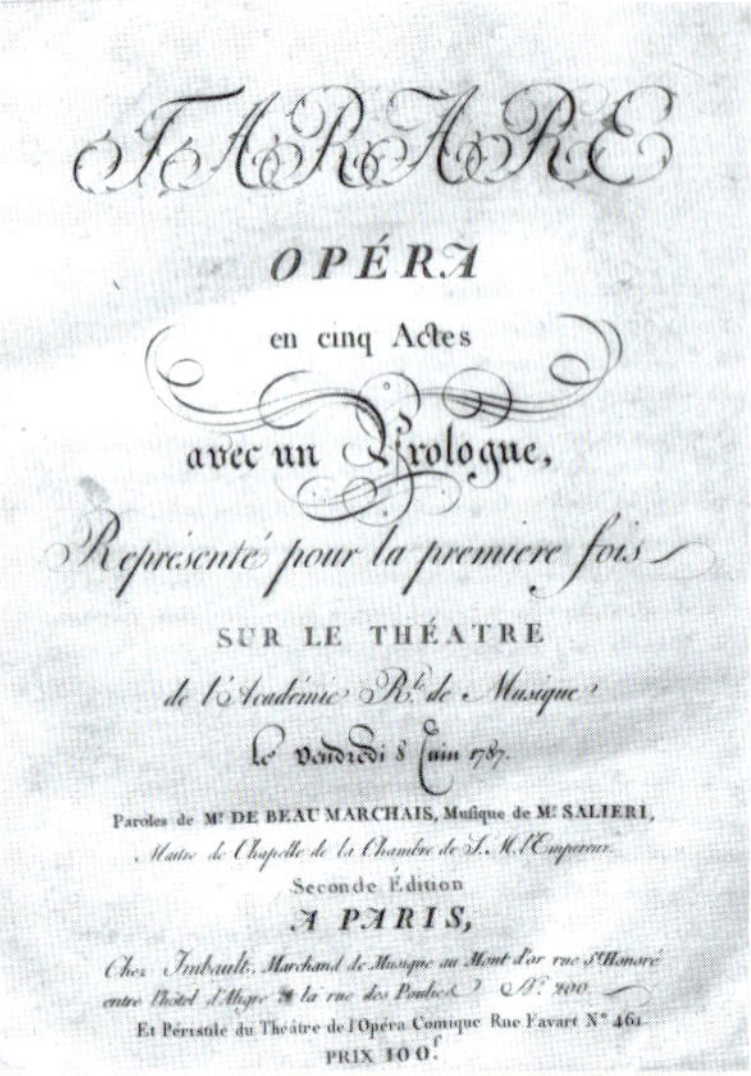
TARARE
OPÉRA
en cinq Actes
avec un Prologue,
Représenté pour la premiere fois
SUR LE THÉATRE
de l'Académie Rle. de Musique
le Vendredi 8 Juin 1787.
Paroles de Mr DE BEAU MARCHAIS, Musique de Mr SALIERI,
Maître de Chapelle de la Chambre de S. M. l'Empereur.
Seconde Édition
A PARIS,
Chez Imbault, Marchand de Musique au Mont d'or rue St Honoré
entre l'hôtel d'Aligre et la rue des Poulies No. 200.
Et Péristile du Théâtre de l'Opéra Comique Rue Favart No 461
PRIX 100f

（北テキサス大学図書館）

《タラール》総譜タイトルページ

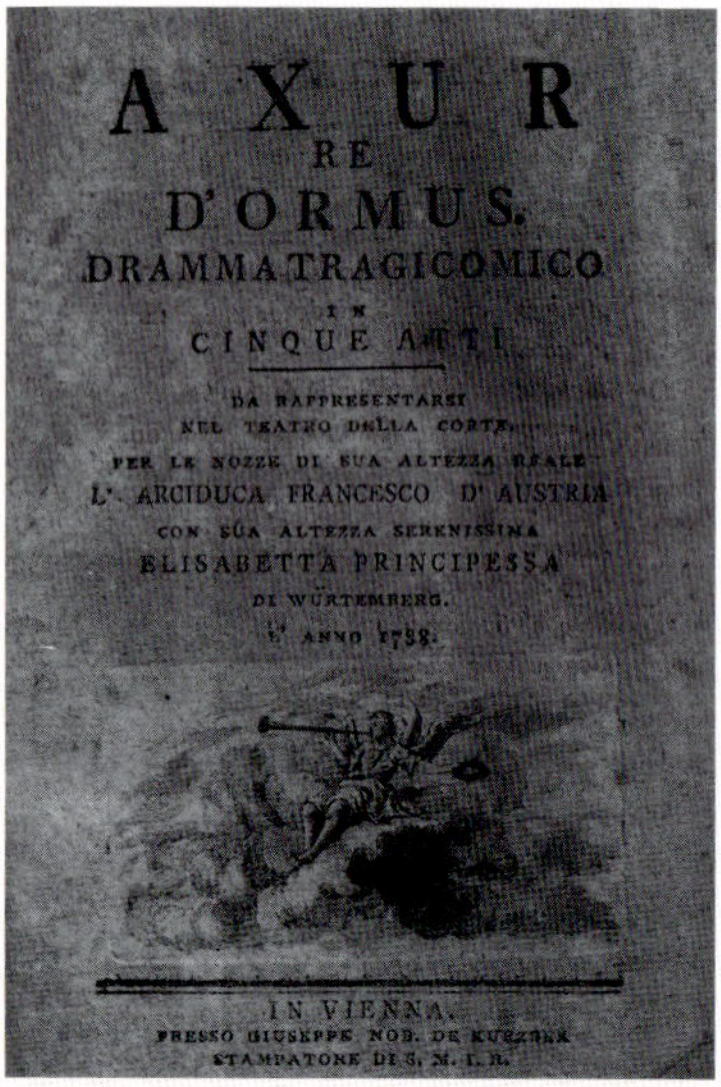
AXUR
RE
D'ORMUS.
DRAMMA TRAGICOMICO
IN
CINQUE ATTI
DA RAPPRESENTARSI
NEL TEATRO DELLA CORTE
PER LE NOZZE DI SUA ALTEZZA REALE
L'ARCIDUCA FRANCESCO D'AUSTRIA
CON SUA ALTEZZA SERENISSIMA
ELISABETTA PRINCIPESSA
DI WÜRTEMBERG.
L'ANNO 1788.
IN VIENNA,
PRESSO GIUSEPPE NOB. DE KURZBEK
STAMPATORE DI S. M. I. R.

（オーストリア国立図書館）

《オルムスの王アクスール》リブレット

作品情報

《タラール》

作曲　アントニオ・サリエーリ

台本　ピエール＝オーギュスタン・カロン・ド・ボーマルシェ

言語　フランス語

初演　1787年6月8日　パリ、王立音楽アカデミー劇場［オペラ座］

《オルムスの王アクスール》

作曲　アントニオ・サリエーリ

台本　ロレンツォ・ダ・ポンテ

原作　ピエール＝オーギュスタン・カロン・ド・ボーマルシェ
　　　オペラ台本『タラール』

言語　イタリア語

初演　1788年1月8日　ウィーン、ブルク劇場

家族との幸せなひととき？

サリエーリは伝記作家モーゼルに家族と過ごす日々の様子を語っています。1788年1月、サリエーリが37歳の時のことです。

いつものように、妻は2人の娘とともに、私のベッドサイドの小さなテーブルについて働いていました。息子は私の書き物机で勉強に集中しています。年下の2人の娘は隣の部屋で編み物をしながら、さらに年下の3人の娘が人形で遊んでいるのを見ています。私自身もベッドで横たわり、本を読んだり、物思いにふけったりしながら、この素晴らしい光景を楽しみました。7時には妻と子どもたちは夕べの祈りを行ない、それから自分たちの元の仕事を続けました。その後、息子はクラヴィーアの前に座ると、娘のひとりがワルツを弾いてほしいとせがみ、娘たちは輪になって楽しそうに踊りました。9時になると、妻は女中と一緒にやってきて、私の病気の脚に毛皮を巻き、医者が指示した通りに塗り薬を塗ってくれました。それから、年かさの娘が私にスープを持ってきてくれました。そして、30分後には妻と息子と7人の娘がやってきて、子供たちは手にキスを、妻はおやすみのキスをしてくれました。このような日々には、なんと心地よい夜を過ごせたことでしょうか！

このような喜びが、愛すべき夫と父親の心をどれだけ元気づけてくれたことでしょうか！

サリエーリの家庭での幸せな様子が手に取るように伝わってきます。さて、この描写で気になるところは、「**私**（サリエーリ）の**病気の脚**」の記述です。

実はこの頃、サリエーリは多忙を極めていたうえに、病気も患っていました。モーゼルの別の箇所の記述では「膝に**リウマチ性の痛み**を抱えて3週間近く寝込んだ」と書かれています。

リウマチの原因は？

リウマチは慢性的に関節が腫れて痛み、骨や軟骨が破壊され、関節の変形をきたす全身の病気です。発症の原因は現在でもよくわかっていませんが、細菌やウイルスの感染、過労やストレスなどによって発症すると言われています。

ここで、1787〜88年のサリエーリのスケジュールを確認してみましょう。

1787年　6月8日　パリの王立アカデミー劇場でオペラ《タラール》初演。
7月末　フランスから帰国
（ヨーゼフ2世から《タラール》のイタリア語版依頼を受ける？）
11月15日　グルック死去。サリエーリ看取る。
11月17日　グルックの葬儀でグルック作曲《深き淵より》を指揮。

（この頃リウマチで3週間寝込む？）

1788年　1月8日　ブルク劇場で《オルムスの王アクスール》初演。

3月1日　宮廷楽長《カペルマイスター》就任

この中に原因がいくつかありそうです。順に見ていきましょう。

皇帝の無茶ぶり

パリでオペラ《タラール》の上演を成功させ、7月末にウィーンに帰国したサリエーリに対し、**ヨーゼフ2世**は《タラール》のイタリア語改作を命じます。初演の日程も、甥である大公フランツ（のちの皇帝フランツ2世）の結婚式に合わせるため、翌年の1788年1月6日、もしくは8日にすると早々と決めてしまいました。

この報に驚いたのはサリエーリです。フランス・オペラとイタリア・オペラは構成からして違います。気楽にイタリア語に翻訳すればできあがり、というものではありません。新たにすべてを書き直す必要があると言ってもいいほどです。これなら新作を作ったほうが、制作期間も短く、作品の品質も上がるというものです。

《タラール》はフランス人の役者と歌手向けに書いたものだから、それをイタリア人の役者と歌手に当てはめても貧弱なものになってしまう。そのため、新たな題材の上に新たな音楽を作曲しようと決めたのだ、とサリエーリはモーゼルに語っています。

これをヨーゼフ2世の無茶ぶりと言ったら大げさでしょうか。とにかくサリエーリは改作という名の難工事に、つまり音楽をほとんどすべて新しく作り直す作業に取りかかりました。まずはカロン・ド・ボーマルシェの書いたフランス語台本をイタリア語に直す必要があります。この作業をイタリア人の台本作家**ロレンツォ・ダ・ポンテ**（1749～1838年）に依頼しました。ダ・ポンテはすでにモーツァルトのオペラ《フィガロの結婚》（1786年初演）で、ボーマルシェのフランス語台本からウィーンでのオペラ上演のためのイタリア語版台本を作り上げた実績を持っていました。

いっぽう台本の依頼を受けたダ・ポンテはというと、《タラール》の内容に不満を持っていました。専制君主と市民の対立を描いた内容が過激すぎたからかもしれません。そのため、この台本をただイタリア語に翻訳するのではなく、筋書きを変えた新たな台本を作り上げることにします。

まず、タイトルを《タラール》から《オルムスの王アクスール》に変更して、主役を王の家来であり偉大な徳を持った兵士タラールから、オルムスの王様アクスールに変えます。そして、登場人物の名前もそれぞれ以下の通り変更しました。

アタール（オルムスの王）　↓　アクスール（オルムスの王）、
タラール（王の家来、兵士）　↓　アタール（アクスールの将軍）、

カルピジー（ヨーロッパ人の奴隷）→ピスクローマ（ハーレムの管理人）、
アスタジー（タラールの妻）→アスパージア（アタールの妻）、
スピネッタ（ヨーロッパ人の奴隷）→フィアンメッタ（アクスールの奴隷）

そのうえで、君主と市民の対立を描いた部分を削り、ゆくゆくは皇帝となる皇帝の甥の結婚のお祝いにふさわしく、君主のあるべき姿を描く内容へと変貌させたのです。

ダ・ポンテがいない！

さて、そんな《オルムスの王アクスール》ですが、ダ・ポンテは依頼から2か月以上たった10月になっても台本を完成させていませんでした。その頃のダ・ポンテの仕事状況を見てみると、サリエーリからの依頼の他に、モーツァルトの《ドン・ジョヴァンニ》、マルティン・イ・ソレルの《ディアーナの樹》と3つのオペラを掛け持ちしていたのです。つまり、ダ・ポンテ（の作品に注ぎ込む時間）を、サリエーリとモーツァルトとマルティンの3人で奪い合うという切迫的な状況にあったのです。

ダ・ポンテ

ダ・ポンテの行動を追ってみましょう。10月1日にウィーンでマルティンの《ディアーナの樹》初演を見届けたダ・ポンテは、10月14日にプラハで初演されるモーツァルトの《ドン・ジョヴァンニ》に立ち合うため、8日にプラハへと向かいました。彼曰く「この作品に出演する俳優たちを指導する」必要があったそうです。が、初演の日程がおよそ2週間延びて29日に変更となってしまいました。

ウィーンでダ・ポンテを待つサリエーリ。しかし、待てど暮らせどダ・ポンテはプラハから帰ってくる気配はありません。ただでさえ難工事が予想される《オルムスの王アクスール》の改作に早く着手したいサリエーリの焦りは日に日に募っていったことでしょう。業を煮やしたサリエーリはついにダ・ポンテをプラハから呼び戻すことに決めました。ダ・ポンテは《ドン・ジョヴァンニ》の初演を見ることなくプラハを後にすることになります。

後ろ髪をひかれながらも、台本料だけはしっかり前払いしてもらい、プラハを後にしたダ・ポンテですが、なんと宿に財布を置き忘れてしまいました。この時代、神聖ローマ帝国領内のボヘミア王国とオーストリア大公国はいずれもハプスブルク家が支配していましたが国境には税関があり、そこで財布がないことに気づいたのでした。プラハの宿にとってかえって財布を取り戻し、無事にウィーンに戻れたダ・ポンテは、その後超特急で《オルムスの王アクスール》の台本の作業を進めます。そして、プラハに行くまでに8割がた完成していた台本を年末までかけて完成させました。

こうしてダ・ポンテは、オペラ台本3本を同時に抱え、すべてを書き上げるという難解なミッションを完遂することができたのです。

ちなみに、ダ・ポンテはリウマチを含めた病気にはかかっていないようです。書き上げれば終わりの台本作者のダ・ポンテと、楽譜に仕立てた後も演奏や本番に向けた練習に臨む作曲家のサリエーリでは、かかる重圧も大きく違ったのではないでしょうか。

敬愛するグルックの死

過労かつストレスのかかる日々を送っていたサリエーリに、さらなるショックを与える出来事が起こりました。**師匠グルックの死**です。

《オルムスの王アクスール》の作曲に追われていた11月11日、サリエーリはパリで上演予定のカンタータ《最後の審判》の書きかけの楽譜をグルックに見せて、意見を求めていました。このときに《タラール》から《オルムスの王アクスール》への改作の現況をグルックに語ったかもしれません。なにしろグルックは過去に《アルチェステ》(1767年イタリア語版初演)を《アルセスト》(1776年フランス語版初演)に改作しています。

グルックのイタリア語版《アルチェステ》とフランス語版《アルセスト》を比較すると、イタリア語の台本を直接フランス語に訳すのではなく、テキスト自体が変更され、場面全体が書き換えられています。その処理をうまくやり遂げたグルックから、サリエーリはヒントやアドバイスをもらったかもしれません。

しかしその4日後の11月15日、グルックは馬車の中で卒中の発作に見舞われます。この報を聞いたサリエーリはグルックの家に駆けつけて、最期の時を過ごしますが、結局グルックはこの日の夕刻7時に帰らぬ人となりました。

激務に追われていたサリエーリに追い打ちをかけるように、喪失の悲しみが重なったのが原因でしょうか。このころ膝にリウマチ性の痛みが表れて、3週間のドクターストップを余儀なくされます。

その後、サリエーリは寝込んだ分を取り戻そうと、作業をスピードアップさせるための最終手段に出ます。ダ・ポンテが1曲ぶんの台本を書き上げると、サリエーリはそれに旋律とバスラインをつけて、その楽譜を練習用として歌手たちに渡し、オーケストラのパートはあとから埋めていきました。結局、それでも改作作業は遅れ、上演準備もギリギリになったとモーゼルは伝えています。

このような中で、家族との団らんの時もおろそかになっていたのかもしれません。仕事が一段落して、ようやくゆっくりと時間がとれるようになったサリエーリにとって、家族との団らんのひとときは、かけがえのない思い出になったことでしょう。

リウマチの薬

回想ではサリエーリが病気の脚に**塗り薬**をつけてもらっています。ここではまずサリエーリが伝えるところの薬と、当時のリウマチの処置について、説明します。

ヨーロッパにおいて古くから熱や痛みの緩和に用いられてきたのは、**西洋ヤナギ**です。古代ギリシアの医学者ヒポクラテスは、「体の中の異物を排除・浄化する作用のあるもの」として西洋ヤナギを挙げています。また、11世紀ごろにナポリからさらに南の町サレルノで編纂された『サレルノ養生訓』という医学書には、ヤナギ（西洋ヤナギ）について次のように記されています。

第71章　ヤナギについて
その（ヤナギのこと）汁は、耳の中に注入すると、虫を殺し、樹皮は、酢の中で煮ると、イボを溶かし、果実の汁および花には、避妊の作用がある。
（『「サレルノ養生訓」とヒポクラテス』より）

このように、西洋ヤナギの樹皮は沈痛・抗炎症のために利用されてきました。そのためサリエーリのリウマチ治療でも塗り薬として使われたと考えられます。

11月に3週間寝込みながらも、12月に薬に頼りながらの怒涛の追い込みで、どうにか1月の《オルムスの王アクスール》の初演に間に合わせることができたサリエーリでしたが、当の本人は肉体的にも精神的にもボロボロの状態となっていたことでしょう。初演が終わったあとも、痛みの残る中で治療に励み、回復に努めることができたのは、何と言っても冒頭で引用したような幸せな家族の団らんがあったからではないでしょうか。

さまざまなズッペ

サリエーリの家族との団らん描写の象徴ともいうべきスープ。ここではモーゼルの原文に忠実に、ドイツ語読みの「**ズッペ**」と記すことにしましょう。ズッペは煮込み料理という意味です。グツグツと野菜などを煮込んだ汁物料理を想像してみてください。

サリエーリの回想では、娘のひとりがズッペを持ってきたと記されていますが、具体的にどんなズッペを飲んでいたのかはわかりません。具体名がわからないので、ここではそれを逆手に取って、ウィーンで当時飲まれていたズッペを1828年に出版された『**ウィーン料理書**(Allgemein bewährtes Wiener Kochbuch)』から何点か紹介しましょう。

① フランス風ズッペ　あるいは健康ズッペ

料理書に「健康」ズッペと記載があったので、まずはこちらを紹介します。これは要するに野菜スープのことです。フランスの郷土料理がウィーンにも伝わってきて料理書にも載りました。当時の定番料理のひとつです[→巻頭レシピ25頁]。

料理書には、両手いっぱいのサレル、ロメインレタス、片手いっぱいのチャービルを手で細かくちぎり、鍋に油を加えて蒸し焼きにするとあります。分量がグラム表記ではなく、「両手いっぱい」もしくは「片手いっぱい」と書かれているのが興味深いですね。その後、1センチメートル角に刻んだニンジン、アスパラガスを鍋に加え、薄く切ってこんがり焼いたゼンメル（オーストリア発祥のロールパンのこと）を鍋に投入し、ブイヨンとハーブを加えて弱火で煮込んで完成です。まさにズッペ（具だくさんの煮込み料理）ですね。

その他、オプションアレンジとして、ゼンメルの代わりにお米やクヌーデル（ダンプリング、団子の一種）を加えてもよいとあります。そして、夏や秋には季節の根菜や、セロリ、キャベツ、緑豆、エシャロット（小型のタマネギ）を入れてもよいと書かれています。

サリエーリの描写はリウマチを患い、そこから回復途上の冬頃と考えられますので、冬のウィーン野菜であるキャベツやチコリを加えて健康ズッペを味わうのも楽しいでしょう。

② イタリア風ライスズッペ　あるいはチーズリゾット

続いて、サリエーリの生まれ故郷イタリア風ズッペを紹介します［↓巻頭レシピ26頁］。イタリアはイタリアでも、サリエーリの生まれ故郷であるヴェネツィア共和国ではお米が食べられていました。イタリア北部を横断するポー川の下流域で稲作が始まり、ルネサンス以降米粒のまま食べる習慣ができました。特にヴェネツィアではリーズィ・エ・ビーズィ（米と豆）という名の生ハムとグリーンピースのリゾットが有名です。

このウィーン料理書に出てくるお米の炊き方はイタリア風、つまりお米とブイヨンが浸るくらいの水を鍋に入れて、弱火でグツグツと煮込む方法です。水分が飛んで、ちょっとお米の芯がある程度のタイミングでブイヨンとお湯を加えてさらに煮込みます。そして、塩加減を調整して、削ったパルメザンチーズを加えて完成です。ただ、米を水でグツグツ煮込んでいくと、リゾットよりもおじやのようにゆるっとした食感となりますので、パリっとした仕上がりになるように、最初にお米をオリーブオイルで炒めましょう。油でコーティングを施した後、水を加えて煮込んでいきます。また、リゾットと書きましたがレシピではズッペを加えるとありますので、皿に盛り付けるときにブイヨンを注いでいきましょう。

蛇足となりますが、日本で流通するいわゆる「パルメザンチーズ」の多くはアメリカ製か日本製であり、パルメザン風粉チーズとなります。お手軽に作りたいのであれば粉チーズでもかまいませんが、こだわる方はぜひ本場のパルミジャーノ・レッジャーノチーズを削ってみると、風味が出て味が引き立ちます。

「パパ元気になって!」との思いから、父親の故郷の味を愛する娘が運んでくれるシーンを想像すると、心温まりますね。

③ オーストリア風団子ズッペ あるいはグリースノッケルンのズッペ

ここまでフランス風、イタリア風と続きましたので、3品目にはオーストリア風ズッペを紹介します[↓巻頭レシピ27頁]。グリースノッケルンのズッペとはグリース(セモリナ粉)で作ったノッケルン(小さい団子)の煮込み料理のことです。ノッケルンの大元の意味は「小さいゴッゴッした塊」です。

ちなみに、ノッケルンの名前がついて有名なのはザルツブルガーノッケルン。これは団子の意味ではなく、ザルツブルグの山々の険しいゴツゴツした状態を意味します。言葉って面白いですね。ちなみに、イタリア語だとノッケルンはニョッキになります。

先に紹介した『ウィーン料理書』では以下の通り、レシピが載っています。


10ロート（1ロート＝およそ16グラム）の新鮮できれいな食用油脂（バターのこと）をふわふわに泡立てる。全卵4、卵黄2をよくかき混ぜてから加える。大さじ10杯の粗挽きの小麦粉を加えて混ぜ、塩で味をつけたのち、30分寝かせる。お好みで魚の燻製を加えても良い。卵大の団子に成形し、30分ゆでる。


第4章で紹介したイチゴのシャーベットの砂糖もそうでしたが、この料理書の通りに作ると、バターの量が非常に多くなるため、分量を調整しましょう。今回は、セモリナ粉と溶いた卵と室温に戻したバターをボウルに入れてよく混ぜます。生地を寝かせ、落ち着いたら団子状に成形していきます。卵の形を意識しながら成形するのがよいでしょう。

沸騰したお湯に入れ、弱火で15分ほどコトコト煮込みます。茹でたグリースノッケルンを取り出して、深皿にズッペとともに入れたら完成です。最後にパセリを散らしましょう。

宮廷楽長《カペルマイスター》サリエーリ誕生

この家族とズッペのエピソードからほどなく、サリエーリは宮廷における教会音楽担当の役職である**宮廷楽長**《カペルマイスター》の地位を継ぐこととなりました。1788年2月12日のことです。高齢のジュゼッペ・ボンノが重病であったことから、サリエーリが後任を任されたのです。同じく1788年の2月、オーストリアとオスマン帝国との戦争がはじまります。ヨーゼフ2世も戦場に出陣し、ウィーンは皇帝不在の状況となってしまいます。これにより、ウィーンのオペラ界に台頭した2人の作曲家サリエーリとモーツァルト、1人の台本作者のダ・ポンテ、そしてその世界を愛し作品を依頼するヨーゼフ2世の4人の複雑な絡み合いは最終局面を迎えることになりました。

しかし、最後の最後で「結果的に」この4人で作り上げた傑作が生まれました。それがモーツァルト作曲の《コジ・ファン・トゥッテ》です。次章では、彼ら4人で紡ぎあげた《コジ・ファン・トゥッテ》の制作過程と、作品に登場する飲み物の歴史を紹介します。

Column

酒と煙草とコーヒーと
～ロレンツォ・ダ・ポンテの食卓～

に、午前中はマルティーニのために、夕方はサリエーリのために。《ドン・ジョヴァンニ》ではダンテの地獄に思いを馳せ、《ディアーナの樹》ではペトラルカを、《タラール》ではタッソーを思い浮かべます』。

非常に調子のいい回答ですが、半年で3本のオペラ台本を完成させるのは難易度が高い作業に感じられます。とにかくダ・ポンテは2か月家にひきこもって、3本のオペラに取り掛かりました。書き物机の前に座り毎日12時間はそこから動かず、書いて書いて書きまくりました。

そんな缶詰め状態のダ・ポンテの生活についい《ディアーナの樹》と《ドン・ジョヴァンニ》を引き受け、3本目にサリエーリの《タラール》の改作を行なうことになったロレンツォ・ダ・ポンテ。1788年当時、彼の仕事量を改めて確認するととんでもない量だということが分かります。どのような順番で行なったのでしょうか。のちに本人が著した『回想録』によれば、ヨーゼフ2世に次のように上申しています。

3者それぞれの題材を見出してから、わたしは皇帝に拝謁し、企画を申し上げて、3本のテクストを同時に書くつもりだとお伝えした。…［中略］…『夜はモーツァルトのため

ても『回想録』に書かれていますので、ここで紹介します。

右手に一瓶のトカイワイン、左手にセビージャのタバコを一罐、そして中央に筆記具

ダ・ポンテはこんなフォーメーションを形成して、原稿用紙の海と対峙しました。

トカイワインのトカイは地名で、ハンガリー北東部に位置するワイン産地です。12世紀ごろからブドウ畑が作られ、16世紀にはヨーロッパの中でも有名なワイン生産地として名をはせるようになります。

タバコについても触れておきましょう。タバコはアンデス山脈地方を原産とし、南北アメリカ大陸各地に普及していきます。そして、クリストファー・コロンブスのアメリカ海域への到達とともに、新大陸へヨーロッパ人が押し寄せ、タバコをヨーロッパに持ち帰ったと言われています。セビージャはヨーロッパで初めて建設された王立のタバコ工場があり、嗅ぎタバコの収入を独占したと言われています。

そして、ダ・ポンテはひと切れのツヴィーバック（Zwieback, ラスクのような焼いたパン）と1杯のコーヒーを味わいながら執筆に向かったそうです。ツヴィーバックはドイツ語で、「2度焼いた」という意味です。第3章で紹介したイタリア語のビスコット（biscotto）と同義ですね。パンの一種から焼き菓子に派生しているのも同様です。固くなったパンをカリッと焼きあげていただけのものでしたが、粉砂糖と卵白を混ぜたアイシングをパンの表面に塗って焼き上げて焼き菓子になりました。

これだけでは栄養バランスも偏り、身体にも悪いと思いますが、とにもかくにもダ・ポンテはワインとタバコ、コーヒーに焼き菓子で、オペラ台本3本という過酷な作業に取り組んでいたのでした。

第6章

〜1790年〜

《コジ・ファン・トゥッテ》のドリンク

あるいは
ヨーゼフ2世、サリエーリ、
モーツァルト及び
ダ・ポンテの四角関係

オペラ《コジ・ファン・トゥッテ》

Neues Singspiel.

Im kaiserl. königl. Naztional = Hoftheater
wird heute Dienstag den 26ten Jäner 1790 aufgeführt:
(zum erstenmal)

COSI FAN TUTTE,
O SIA:
LA SCOLA DEGLI AMANTI.
So machen sie's, oder: die Schule der Liebhaber.
Ein komisches Singspiel in zwey Aufzügen.

Die Poesie ist vom Hrn. Abbate da Ponte, Dichter des italiänischen Singspiels beym k. k. Hoftheater.
Die Musik ist vom Herrn Wolfgang Mozart, Kapellmeister in wirklichen Diensten Sr. Majestät des Kaisers.

Die Bücher sind bloß italiänisch beym Logenmeister für 24 kr. zu haben.

Es ist am verflossenen Sonntage in den k.k. Redoutensäälen eine goldene Frauenzimmerdose verlohren worden, wer selbe gefunden, wird höflichst gebeten, sie gegen gute Rekompens an die theatralische Kasse zu überbringen.

Der Anfang ist um 7 Uhr.

《コジ・ファン・トゥッテ》初演の告知

作品情報

《コジ・ファン・トゥッテ、あるいは恋人たちの学校》
作曲　ヴォルフガング・アマデウス・モーツァルト
台本　ロレンツォ・ダ・ポンテ
言語　イタリア語
初演　1790年1月26日　ウィーン、ブルク劇場

《恋人たちの学校、またはコジ・ファン・トゥッテ》
作曲　アントニオ・サリエーリ
台本　ロレンツォ・ダ・ポンテ
言語　イタリア語
状況　未完　＊最初のレチタティーヴォと２つの男性三重唱のみ作曲

1790年1月、ロレンツォ・ダ・ポンテ最後の台本であり、モーツァルト最後のオペラ・ブッファとなる《コジ・ファン・トゥッテ あるいは恋人たちの学校》が初演されました。しかしこの作品はもともと、ダ・ポンテがサリエーリのために書き下ろした台本でした。いったいどういう状況で、サリエーリのための台本をモーツァルトが完成させることになったのでしょうか。この作品について、ヨーゼフ2世、サリエーリ、モーツァルト、そしてダ・ポンテの4名が語ることは他の作品に比べると非常にわずかです。本章ではウィーン宮廷楽団で第2楽長(イタリア・オペラ部門)だったサリエーリが、宮廷楽長《カペルマイスター》に就任した1788年3月頃から話を始めることにします。

宮廷楽長《カペルマイスター》の仕事ぶり

宮廷楽長に就任したサリエーリは、ますます忙しくなりました。サリエーリに委ねられたのは、50人編成の宮廷楽団を監督し率いること、宮廷オペラのイタリア劇団部門を運営することです。こうしてサリエーリは名実ともにウィーンのイタリア・オペラ界のトップに立つことになり、作品を次々と完成させてゆきます。

実際、この年の9月にブルク劇場でオペラ《護符》が初演、翌1789年2月に《忠実な羊飼い》が初演され、10月には再演、そして、12月に《花文字》が初演というスケジュールでした。ちなみにこの3つのオペラの台本はいずれもダ・ポンテの手によるものです。他にも

1788年12月には、音楽家協会による慈善演奏会での指揮を行なっています。

《恋人たちの学校》の成立過程

モーツァルトが1790年に完成させたオペラ《コジ・ファン・トゥッテ》は、もともと《恋人たちの学校》というタイトルでした。この台本を書いたのも、もちろんダ・ポンテです。たびたび語られることでは、おおまかな設定をヨーゼフ2世がダ・ポンテに指示したそうです。口伝えの話のため、具体的な記述はありませんが、皇帝はウィーンで実際にあった出来事を投影して喜劇仕立てにしてほしいと語ったのだとか。《コジ・ファン・トゥッテ》の舞台はナポリとされていますが、発注者ヨーゼフ2世の指示により、都市名は明かな形では判らないように配慮され、台本のト書きでは「港町」としか書かれていません。

さて、この《恋人たちの学校》の台本は、最初はサリエーリに提供されました。時期は1789年春頃です。サリエーリは2つの三重唱を作曲したほか、冒頭のレチタティーヴォを書いています。このレチタティーヴォは現在広く知られているモーツァルトの《コジ・ファン・トゥッテ》にはないものです。また、《恋人たちの学校》では2つの三重唱が〈女どもの貞淑は〉、〈僕のドラベッラには〉の順で書かれましたが、モーツァルトの《コジ・ファン・トゥッテ》では〈僕のドラベッラには〉が先に書かれています。いずれにせよ2番目の三重唱の途中でサリエーリの作曲は中断し、未完に終わってしまいます。

当時、サリエーリは《忠実な羊飼い》の初演が3回で打ち切られ、再演に向けた手直しを行なっていました。また、12月の《花文字》初演に向けた作曲と、音楽家協会での演奏会指揮などで多忙な時期を過ごしていました。加えてこの時期、パリ・オペラ座のための《バビロンの王女》作曲に着手していたほか、オペラ座理事会から《吟遊詩人》の作曲依頼も来ていました（この2曲については、その後ヨーゼフ2世の重病を理由に先送りにしています）。

このような多忙なスケジュールに《恋人たちの学校》まで入ってくると、予定されている1790年のオペラ年間公演に間に合わないのではとサリエーリは危惧し、ダ・ポンテに辞退を申し入れたのではないかと思われます。

モーツァルトに託された《コジ・ファン・トゥッテ》

ここでダ・ポンテの視点から1789年を見てみることにしましょう。先に書いた通り、サリエーリがその年に初演したオペラの台本はすべてダ・ポンテが担当しました。2月に《忠実な羊飼い》の初演が終わり、次に取り掛かったオペラ台本は《花文字》でした。そしてそれと並行して《恋人たちの学校》の台本に取り組みました。

春に《恋人たちの学校》の初稿が完成してサリエーリに渡すも、夏ごろに断りの連絡を受けました。

その後、ダ・ポンテはこの台本をモーツァルトに持ち込みます。サリエーリに一度委ねられた後に自分に持ち込まれたという事実は、モーツァルトにとって快いものではなかったかもしれませんが、とにもかくにも夏の終わりには作曲に着手したようです。そして9月から4か月余り経った12月末までには、歌手が稽古できるほどの段階まで出来上がり、大みそかからモーツァルトの伴奏つきで稽古が始まりました。

年が明けた1790年1月には稽古は劇場に場所を移して続き、《コジ・ファン・トゥッテ》はブルク劇場で1月26日火曜日に初演となりました。

事実のみを語るダ・ポンテ

これまでの過程を整理しておきましょう。ヨーゼフ2世の構想をダ・ポンテが台本にまとめた《恋人たちの学校》は、一度はサリエーリに託されるも作曲は途中で止まり、最終的にモーツァルトの手によって《コジ・ファン・トゥッテ》のかたちで陽の目を見ることとなりました。

ところが、ダ・ポンテが自身の『回想録』で《コジ・ファン・トゥッテ》を語るところは手短かです。

《忠実な羊飼い》と《花文字》を書き、サリエーリが音楽をつけた。この2つのオペラは、いくつかの美しい曲を含んでいるものの、サリエーリの創作の中でことさら頂点に位置するものではない。そしてわたしは《恋人たちの学校》を書いてモーツァルトが曲をつけてくれたが、これはモーツァルトの著名な3作の中では3番目にあたる。

1年間のダ・ポンテの活動を箇条書きしたような内容ですが、注目すべきはダ・ポンテが《コジ・ファン・トゥッテ》をあくまでも《恋人たちの学校》と述べていることです。

実は、タイトルの変更はモーツァルトの手によるものでした。《コジ・ファン・トゥッテ》(女たちはみなこのようにする)をメインタイトルに据え、《恋人たちの学校》はサブタイトルにしました。「コジ・ファン・トゥッテ(女たちはみなこのようにする)」というフレーズは4年前の1786年に初演されたオペラ《フィガロの結婚》(こちらもロレンツォ・ダ・ポンテの台本によるもの)にも出てきます。モーツァルトは本作品の内容を聴衆へ、よりダイレクトに伝わるようにタイトル変更したのだと思われます。そしてこの「コジ・ファン・トゥッテ」というフレーズを2度繰り返して歌わせるなど、オペラの音楽とタイトルが表裏一体となるように、本作を調理したのでした。

サリエーリとモーツァルトの思惑は不明のまま

サリエーリが《恋人たちの学校》を完成させなかった理由はわかっていません。彼がこのことについて誰かに語ることはなかったようです。先に書いた、多忙のために1790年のオペラ初演に間に合わなくなるからという説以外では、本作品の創作に対する逡巡あるいは迷い、すでに着手していた他の作品との兼ね合いなどが挙げられます。《恋人たちの学校》の台本が面白いと思ったからこそ当初は作曲に着手したのでしょうが、最後まで完成させる明快な決め手が見つからなかったのかもしれません。

いっぽう、モーツァルトが《コジ・ファン・トゥッテ》について書いているものは、非常に少ないながら存在しています。

私のオペラ（筆者注《コジ・ファン・トゥッテ》のこと）の〔ギャランティ〕200ドゥカーテンは、（現在の慣行では）来月、支配人から受け取ることになっています。

（モーツァルトよりウィーンのミヒャエル・プフベルクに
ウィーン、1789年12月）

このように、作品の完成に至る経緯や内容については語られず、ギャラがいくらもらえるかについてのみ語っています。手紙にはその後「最上の友にして朋友」であるプフベルクに400フローリン貸してほしいと依頼する内容になっていますから、モーツァルトの当時の懐《ふところ》具合が非常に逼迫《ひっぱく》していたことがヒシヒシと伝わってきます。

なお、モーツァルトはこの手紙の最後で「サリエーリの陰謀については、じかに会ってお話ししましょう。でも、これはすべて水泡に帰《き》したのですが」と結んでいますが、時期的にみればこの「陰謀」が《コジ・ファン・トゥッテ》のことを言っているわけではないことは明らかです。この頃、《ドン・ジョヴァンニ》がウィーンで上演中でしたが、皇帝ヨーゼフ2世が観た12月15日を最後に演目から外されてしまったので、そのことを「陰謀論」として手紙の最後に付け加えたのかもしれません。

《コジ・ファン・トゥッテ》の成立過程での2人の作曲家それぞれの思惑は、残念ながら手紙などには遺されていません。サリエーリはもちろんモーツァルトが本作を作り上げたことは知っていましたし、ウィーン宮廷のイタリア・オペラの責任者として、初演を観ていたかもしれません。

《コジ・ファン・トゥッテ》の舞台装置、コーヒーハウス

作品成立に続いて、オペラ作品の中身に入りたいと思います。第1幕第1景の舞台はイタリアのナポリのコーヒーハウスと言われていますが、実際のところはウィーンの出来事を投影したイタリアの「港町」である「新しい街《ネア・ポリス》」にあるコーヒーハウスです。ちなみに、ナポリという名前は古代ギリシア人がこの地に植民地を建設し、ネアポリス（Neapolis「新しい市」の意）としたことに由来しているので、ここからナポリが舞台と捉えられたのかも知れません。

コーヒーハウスが舞台装置として現れる作品に、カルロ・ゴルドーニの『珈琲店』（1750年）があります。この作品の舞台はヴェネツィアで、コーヒーハウスで出会う人たちが繰り広げる喜劇として取り上げられています。これまでは貴族が織りなす豪華なサロンが主でしたが、

18世紀後半になると、コーヒーハウスを舞台に市民が繰り広げる劇が、当時の流行を象徴するものとして登場するようになります。

コーヒーハウスで提供されるものは当然ながらコーヒーです。ヨーロッパでコーヒーが初めて淹れられた地が、まさにそのヴェネツィアで1575年のこと。ちょうど同時期にコーヒー、チョコレート、そして紅茶などの新たな嗜好品がアジアや南米大陸から続々とヨーロッパにもたらされました。貴族たちはどの未知なるドリンクに手を出そうか逡巡しているような状況でした。

ヴェネツィアから入り始めたコーヒーは、1600年代に入るとオランダ、イギリス、フランスとヨーロッパを席巻し、1665年にウィーンに入りました。

コーヒーハウスが登場し始めるのは1650年ごろのイギリス・オックスフォードで、それからロンドン、アムステルダム、ハーグ、マルセイユ、パリ、ブレーメン、ヴェネツィアなどの主要都市で続々とコーヒーハウスが開店していきました。

《コジ・ファン・トゥッテ》の作品舞台は18世紀後半です。そのころにはヴェネツィア以外のイタリアの各地方にコーヒーは広がり、ナポリにもコーヒーハウスは設立されていきました。コーヒーを市民階層の飲み物として、こうした専門店で楽しむ風習が、商業の盛んなナポリでも定着していきます。

ちなみに、モーツァルトは1770年の演奏旅行でナポリを一度訪れていて、ポンペイやエルコラーノの遺跡を見物しています。当時、ナポリのコーヒーハウスで一服という場面もあったのではないでしょうか。

チョコレートは飲み物!?

ここまで舞台装置としてのコーヒーハウスを紹介してきましたが、このオペラの小道具となる飲み物はチョコレートです。第1幕の後半、舞台はコーヒーハウスからフィオルディリージとドラベッラ姉妹の家に移ります。姉妹の家の客間に侍女のデスピーナがチョコレート沸かし(ショコラティエール)とカップを載せたお盆を持って登場する場面を引用します。

《コジ・ファン・トゥッテ》第1幕・第8景

小綺麗に調えられた部屋。椅子いくつか、小卓などがみえる。扉が3つ、2つは左右の壁、ひとつは中央に。

〔チョッコラッテを作りながらのデスピーナ。〕

デスピーナ　こんな人生たまんないわよ
　小間使いの暮らしときたら!

朝はやくから夜になるまで
あくせく汗して働いて。それで
もう半時間、こうやって練りまわしてる
チョッコラッテができましたよー、さあ、と思えば
まあいい香りってだけで、口は潤わず。
ああ――お行儀のよいお嬢様がたのですからね、
じっくり中身を召し上がれ、でもあたしは香りだけ？
酒の神にかけて、味見だけ…まあちょっと、
なにこれ、おいしい！
（口元をぬぐう）誰か来る…なんてこと、お嬢様たちだわ！

（訳：白沢達生）

半時間つまり30分もの間、かきまぜて作る**チョッコラッテ**という飲み物。これはいったいどういうことでしょうか。21世紀の現代を生きる私たちが違和感を覚えるのは当然でしょう。時空を飛び超えて、このチョッコラッテことチョコレートの物語を始めることにしましょう。舞台は北米大陸です。

北中米のメキシコの南に位置するグアテマラや、ユカタン半島南部の密林にやってきたマヤ人は、その地域で文明を築きました。西暦250年頃までに石造りの神殿ピラミッドが造られ、マヤの都市が続々と現れました。

マヤ人とチョコレートの関係は、絵に遺されています。グアテマラ北部で見つかった8世紀の壺には玉座に座るマヤの王が描かれ、玉座の下にはチョコレート飲料の円筒形の壺が描かれています。マヤ人は伝統的に熱いチョコレート飲料を飲んでいました。

続いて北米大陸に登場したのが、メキシコ中央部に栄えたアステカ文明です。アステカ人もチョコレートを飲み続けた民族でした。アステカは徐々に領土を広げて国力を増加させ、カカオの取れる産地を支配下におき、安定的なチョコレートの供給システムができあがったようです。

カカオとチョコレート飲料をヨーロッパにもたらしたのは、このアステカ帝国を征圧したスペイン人でした。アステカ人のチョコレートの作り方が書かれている貴重な資料に、『テノチティトラン見聞記』があります。「無名の征服者」を名乗る人物が1556年にヴェネツィアで刊行したものです。具体的には、アーモンドもしくはカカオをすり潰して粉にし、突起のついた鉢に入れて、水を加えてスプーンで混ぜるというものです。また、このドリンクを飲む時は泡が静まって少しずつ飲み下せるように口を開けるという指示があります。「無名の征服者」は、このチョコレートドリンクがこの世のあらゆる飲み物よりも、健康的で滋養に富んでいると感想を綴っています。

こうして現地のスペイン人たちがチョコレートを飲み始めるようになり、本国に戻る時にはチョコレートを持ち帰りました。カカオ豆の荷がスペインのセビージャに届けられたのは、ヴェネツィアにコーヒーが着いてから20年後の1585年のことでした。当初、チョコレートは嗜好品ではなく、医薬品でした。身体の状態を改善させるものとして、チョコレートはヨーロッパ世界に徐々に広まっていきました。

宮廷から宮廷へ、貴族の館から館へ、修道院から修道院へと広まっていったチョコレート。17世紀スペインの宮廷で早くもブームとなります。スペイン・アンダルシア出身の外科医コルメネロ・デ・レデスマは、1644年に『ショコラタ・インダ』というチョコレートに関する本を刊行し、その中で当時のチョコレート飲料のレシピを載せています。

材料はカカオ豆、チリペッパー（黒コショウで代用可）、アニス、イアフラワーなどの花（バラの花びらで代用可）、バニラ、シナモン、アーモンド、砂糖などを使い、乾燥させたカカオマスを湯とともに専用のチョコレート沸かしに入れて、泡立てながら攪拌させます。このやり方は、先に紹介したアステカ帝国での飲み方とほぼ変わらなかったと言われています。

《コジ・ファン・トゥッテ》の舞台ナポリに目を転じてみましょう。1503年以来スペインの支配下にあったナポリにもスペインからチョコレートが入ってきます。そして17世紀には、スペイン名物として、宮廷でも修道院でもお客をもてなす飲み物となっていました。

アメリカ大陸からスペインの宮廷に持ち込まれ、薬として最初は広まったチョコレート飲料ですが、時代を経るごとに薬用から嗜好品へと変わり、またヨーロッパの食材と結びついて進化を遂げていきます。17世紀後半トスカーナ大公国の言語学者にして医者のフランチェスコ・レーディは『トスカナのバッカス』というタイトルの詩集の中で、チョコレートを楽しむためにレモンの皮やジャスミンの香りそして龍涎香《りゅうぜんこう》（マッコウクジラの腸内でできる芳香性の物質）

を加えると書いています。

18世紀に入ると、チョコレートを使ったレシピを含んだ本がイギリスで刊行されます。飲み物だけだったチョコレートが食べ物としても登場してくるのがこの頃です。アステカ帝国の作り方をほぼ踏襲したスペインとは違い、イギリスでは香辛料が消え去り、泡立てた卵と砂糖を溶かしたローズウォーターを使ってチョコレートを作っています。

チョコレートと身分制度

《コジ・ファン・トゥッテ》は書かれたのと同時代、つまり18世紀後半を舞台に選んでいます。先ほど引用したデスピーナのチョコラッテを作りながらこぼす愚痴から、当時の世相を垣間見ることができます。例えば第1章などで紹介したように、砂糖は大航海時代になり、大西洋諸島でさとうきび栽培が行われるようになったことで、生産供給ルートが安定し、貴族から庶民まで手に入る食材となりました。

『チョコレートを運ぶ女性』(リオタール、1745年)

しかしチョコレートは、ヨーロッパに初めてもたらされてからおよそ200年もの時間が経っても、貴族などの階級の高い一部の人々しか味わうことのできない高級品でした。侍女であるデスピーナにとって、自分は飲むことを許されず、30分もの間、他人の飲み物を作り続ける労力たるや。「こんな人生たまんない」という愚痴も理解できます。

手間暇かけたチョコレートの作り方

さて、オペラのドリンクとして本章で登場したチョコレート。どのように作るか考えるのも楽しいものです。当然ながら《コジ・ファン・トゥッテ》の台本にチョコレートのレシピが書いてあるはずもなく。推理しながら食材を加えていくことにしましょう[→巻頭レシピ28頁]。

通常はカカオ豆を下ごしらえしてありますので、カカオマスを使いましょう。サリエーリの好物である砂糖は当然加えます。イアフラワーやアーモンドはなくなり、香辛料、香味料を加えたとしてもシナモンやバニラなど必要最低限となるでしょう。南米大陸との結びつきが強いスペインの影響下のナポリということで、クローブやチリペッパー（コショウでも可）もアクセントに加えてもよいでしょう。

この飲み物の作り方には複数あり、当時のレシピには、チョコレート沸かしにお湯のみを注ぐ方法や、お湯と牛乳を同量入れてかき混ぜる方法などが載っています。今回は、カカオマスにお湯と牛乳も注いでかき混ぜて、ペロリと一口いただきましょう。

バランスが崩れ、新時代へ

こうして、1790年1月26日に初演を迎えた《コジ・ファン・トゥッテ》ですが、わずか5回で公演は打ち切られてしまいました。1か月後の2月20日、ヨーゼフ2世が肺疾患によって亡くなってしまったのです。

ヨーゼフ2世の弟レーオポルト2世が皇帝となります。彼は兄が行なってきた政策で「負の遺産」にあたるものを清算し、ヨーゼフ色の排除と刷新を推し進めていくことになりました。これにより、ウィーン宮廷音楽の状況は大きく変わります。

1791年1月、レーオポルト2世はサリエーリのイタリア・オペラ指揮者の解任、イタリア歌劇場の座付き台本役者であるダ・ポンテの解任を命じました。その後、サリエーリは宮廷礼拝堂の宗教音楽指揮者の任を命じられ、ダ・ポンテにいたっては、さまざまなスキャンダルが原因でウィーンから追放されてしまいます。

このような状況の中で、サリエーリとモーツァルトの中には、立場は違えども、ウィーン宮廷音楽界の中で「戦友」という意識が芽生えたのではないでしょうか。実際のところ、サリエーリは、レーオポルト2世の戴冠式の音楽にモーツァルト作品のミサ曲（K.337）とオペラ《エジプト王タモス》（K.345）を指揮しています。

いっぽうモーツァルトは、この年に初演された自作のドイツ語オペラ《魔笛》の公演にサリエーリを招待しています。現存するモーツァルトの最後の手紙には、サリエーリが《魔笛》を観て感激し、その賛辞をモーツァルトに伝えたという内容で、晴れ晴れとしているモーツァルトの姿がそこには見て取れます。

残念ながら、モーツァルトはこの年の12月5日に他界してしまいます。数年前には思ってもみなかったことでしょうが、サリエーリだけがウィーン宮廷に残されました。そして、翌1792年新たな才能がウィーンにたどり着きます。誰あろうルートヴィヒ・ヴァン・ベートーヴェンです。次章では、サリエーリとベートーヴェンの出会いと、それにまつわるオペラ飯《メシ》を紹介します。

Column

ホットチョコレートの思い出

～モーツァルトの食卓2～

《コジ・ファン・トゥッテ》の小道具として大活躍したのがホットチョコレート。当の作曲家であるモーツァルトとの関係はどうだったでしょうか。先のコラムで取り上げたモーツァルトの最初のイタリア旅行中（1769～71年）にチョコレートにも出会っていました。

父親であるレーオポルト・モーツァルトが、ザルツブルクに住む妻（＝モーツァルトの母）に宛てた手紙に書かれています。

ボローニャ、1770年7月21日

私たちは7月10日の晩6時に御者をひとり連れてローマを発ち、一晩中眠らずに馬車を走らせ、朝5時にチヴィタ・カステッラーナに着きました。そこでチョコレートを飲み、ベッドにひっくりかえって10時まで眠りました。

おそらくこれが手紙に残されている最初のチョコレート体験になります。高カロリーのホットチョコレートを飲んで体力回復を図り、長旅の疲れを癒やしたことでしょう。なお、チヴィタ・カステッラーナはローマからおよそ57キロメートル北方にある都市です。11時間休みなく馬車を走らせるも当時は舗装された道路もなく、暗闇を駆け抜けていったのでとても大変だったのではないでしょうか。苦労がしのばれます。

次にモーツァルト本人がチョコレートを味わった証拠が5歳年上の姉、アンナ＝マリア・モーツァルト（愛称ナンネル）に宛てた手紙に残されています。

ボローニャ、1770年8月21日

ぼくたちはあるドミニコ会の神父さん［ピエトロ・ゼロヴニツキ］とお近づきになる光栄をもちました。…［中略］…朝食のときよく、チョコレートを1杯飲み、その後ですぐ強いスペインぶどう酒をたっぷり飲むのですから。


これはドミニコ会のピエトロ・ゼロヴニツキの食事描写をモーツァルト自身の目から克明に書いている一例です。手紙はこの後、食事のご相伴にあずかったことが書かれており、そこでゼロヴニツキはスタートからワインをしたたかに飲み、大きなメロンを2切れ、桃と梨をいくつか、コーヒー5杯、お皿いっぱいの鳥、レモンを入れたミルクを2杯をペロリとたいらげたそうです。

人間観察の描写が巧みなモーツァルトによって、暴飲暴食の度が過ぎるピエトロ・ゼロヴニツキの姿が生き生きとあらわされています。

こうした数々の手紙から読み取れる体験が、時を越えて《コジ・ファン・トゥッテ》にも活かされているのかと思うと感慨深いですね。

第7章

～1799年～

《ファルスタッフ》の食卓

あるいは
ベートーヴェンから
サリエーリへの返答

オペラ《ファルスタッフ》

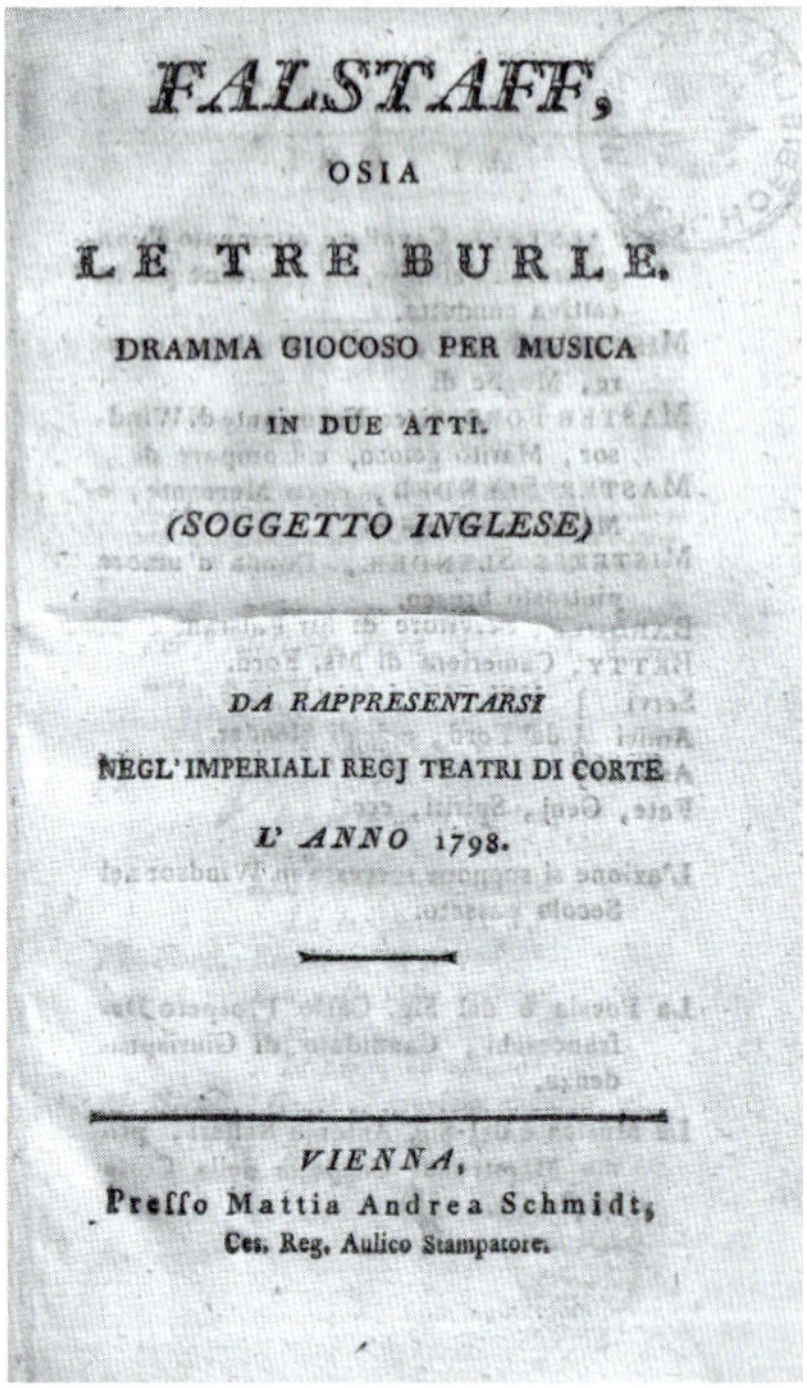

FALSTAFF,
OSIA
LE TRE BURLE.
DRAMMA GIOCOSO PER MUSICA
IN DUE ATTI.
(SOGGETTO INGLESE)
DA RAPPRESENTARSI
NEGL' IMPERIALI REGJ TEATRI DI CORTE
L' ANNO 1798.

VIENNA,
Presso Mattia Andrea Schmidt,
Ces. Reg. Aulico Stampatore.

《ファルスタッフ》リブレット　（ウィーン国立図書館）

作品情報

《ファルスタッフ》
作曲　アントニオ・サリエーリ
台本　カルロ・プロスペロ・デフランチェスキ
原作　シェイクスピア　喜劇『ウィンザーの陽気な女房たち』
言語　イタリア語
初演　1799年1月3日　ウィーン、ケルントナートーア劇場

1799年が明けたばかりの1月3日に、サリエーリ作曲の《ファルスタッフ、あるいは3つの悪ふざけ》がケルントナートーア劇場で初演されました。

いっぽう、この頃ウィーンでめきめきと頭角を表してきた作曲家がいます。**ルードヴィヒ・ヴァン・ベートーヴェン**（1770～1826年）です。彼はサリエーリの《ファルスタッフ》初演と同時期に《3つのヴァイオリン・ソナタ》（作品12）を出版し、サリエーリに献呈しています。この作品は、1月12日にアルタリア社から出版広告が出されました。この作品のタイトルページは、当時通例だったフランス語ではなく、イタリア語で書かれていますが、これは明らかにイタリア人であるサリエーリへの敬意を表しています。「アントニオ・サリエーリ氏に」の名前の下には「ウィーン皇帝宮廷第1楽長」と記載され、楽長のサリエーリ氏に贈るという意味が込められています。

ベートーヴェン（1804年頃）

ベートーヴェンは続いて、《ファルスタッフ》の二重唱〈まさにそのとおり La stessa,la stessissima〉の主題による10の変奏曲（WoO 73）を作り上げます。これは、オペラ《ファルスタッフ》第1幕第6景の二重唱を主題にした変奏曲で、アルタリア社から3月2日に出版広告が出されています。オペラの初演からわずか2か月という短期間のうちに出版されたことになります。

これらの2作品はサリエーリとベートーヴェンの関係性をあらわすものだと理解できますが、ところで、2人が初めて出会ったのはいつ頃だったのでしょうか。《ファルスタッフ》のオペラ飯に入る前に2人の関係について時間を少し戻してみることにしましょう。

ベートーヴェン、サリエーリへ接触を図る

ベートーヴェンは1792年にボンからウィーンにやってきましたが、サリエーリと接触したことが記録に残っている最初の機会は、1795年3月29日と30日の2日間です。この両日にわたって、音楽家協会主催の慈善演奏会がブルク劇場で開催され、サリエーリが指揮者を務める中で、ベートーヴェンは第1夜に自作のピアノ協奏曲第1番を演奏し、翌日の第2夜には即興演奏を行なっています。

ベートーヴェンはその後、前述のようにヴァイオリン・ソナタを献呈したり、《ファルスタッフ》の二重唱による変奏曲を作曲するなどしてサリエーリの関係を深めます。これは宮廷楽長サリエーリと懇意になることで、サリエーリのウィーン音楽界での影響力の大きさに期待するところがありました。実際のところ1800年3月19日にベートーヴェンから宮廷管理部へ宛てて、宮廷劇場を使用してコンサートを開きたいという請願が届けられています。

そして4月2日、ウィーンのブルク劇場でベートーヴェンは生涯初の自主コンサート「大音

楽演奏会」を開きます。プログラムは以下の通りです。

1　モーツァルト　大交響曲
2　ハイドン　《天地創造》より　アリア
3　ベートーヴェン　ピアノ協奏曲第1番
4　ベートーヴェン　七重奏曲（作品20）
5　ハイドン　《天地創造》より　二重唱
6　ベートーヴェンによるピアノ即興演奏
7　ベートーヴェン　交響曲第1番（作品21）

なかでも交響曲第1番（作品21）がお披露目となった記念すべきコンサートでした。

ベートーヴェン、サリエーリ塾の門を叩く

やがて、ベートーヴェンはサリエーリの正式な弟子となりました。レッスン開始時期は1800年頃と言われています。ベートーヴェンとしては、母語ではないイタリア語の詩節に的確に音符を当てはめる技術の習得を目的として、イタリア語を母語とし、ウィーンオペラ界の第一人者であるサリエーリの門を叩くことにしたようです。サリエーリは他の弟子の時と

同様、謝礼を取らずにベートーヴェンのレッスンを行なったそうです。

サリエーリはレッスンにメスタージオのテキストを与えて、2声以上の重唱曲をベートーヴェンに作曲させました。このときの、サリエーリの添削を含むベートーヴェンの練習曲が遺されていて、後世の研究者によって《サリエーリのもとでの多声イタリア歌曲練習曲》（WoO 99）と分類されています。こうして生まれたのがシェーナとアリア《いいえ、心配しないで》（WoO 92a）、二重唱《おまえの幸せな日々に》（WoO 93）などです。

こうしたレッスンを踏まえ、ベートーヴェンのイタリア歌曲への理解は深まりますが、彼は結局、イタリア語のオペラは書きませんでした。これは、当時のウィーンではドイツ語のオペラが優勢になる傾向があったからです。

《ファルスタッフ》のオペラ飯《メシ》――舞台は1600年前後のイングランド

サリエーリとベートーヴェンに縁のあるオペラ《ファルスタッフ》を見ていくことにしましょう。この物語の原作はシェイクスピアの『ウィンザーの陽気な女房たち』です。この作品はシェイクスピアが唯一、自身が生きた16世紀後半のイングランドを取り上げた作品です。ファルスタッフというのは人物名で、『ヘンリー4世』2部作で登場し、7つの大罪を一身に集めたような役でした。シェイクスピアは、そんなファルスタッフを自身の生きたエリザベス朝を舞台にした作品に再登場させました。この作品の特徴は、ウィンザーの町でファルスタッフがフォード夫人とペイジ夫人という女房たちと騙し騙されの追いかけっこを展開しつつも、しかし女房たちは決して騙されないという痛快劇です。

このイタリア語台本はカルロ・プロスペロ・デフランチェスキが担当しました。シェイクスピアの原作から数人の主要な人物に登場人物を減らし、プロットも簡略化しましたが、舞台設定はシェイクスピアの原作を踏襲し、エリザベス朝時代のイングランド、ウィンザーをそのまま使っています。オペラ上演は好評を博し、初演から1802年まで26回の公演が行なわれるなど、この時代のサリエーリの代表作となりました。

古代から19世紀まで飲み継がれたスパイス入りワイン
——伝統と実績の「ヒポクラテスの袖」

第1幕の始まりから小道具として登場するのが**ワイン**です。パーティで振る舞われたり、宿屋のサイドボードに置かれました。

ワインの歴史は古く、コーカサス地方（現・ジョージア共和国）で、紀元前7000年頃の地層から、ブドウの種子が発見されています。およそ、古代文明の成立以前から飲まれてきました。

物語にワインが初めて登場するのは、メソポタミア文明に伝わる『ギルガメシュ叙事詩』です。

シラシュ・ビール、クルンヌ・ビール、油、ぶどう酒、吸物を川の水のように［彼らは飲んだ］

とあるように、古都シュルッパクの聖なる王ウトナピシュティム（旧約聖書のノアに相当）が、大工たちにさまざまな報酬とともにぶどう酒（ワイン）をふるまった描写があります。

いっぽう、古代ギリシア及びその影響を受けた古代ローマでは、現在と異なり、ワインを水で割って飲むのが通例でした。第4章でも紹介した『食卓の賢人たち』には、古代ギリシア世界の食の様子が描写されていて、ワインと水をどのような比率で割るかが記載されています。

また、古代ローマの料理を知る手がかりとなり、古代ローマ各地の食事を記した料理本である『アピキウスの料理帖』には、ワインを使ったレシピが収録されています。古代ギリシア風に水で割る飲み方の他に、鍋にワインとハチミツを入れグツグツと煮詰めた後、コショウやローリエ、サフラン、ナツメヤシを加えた**スパイス入りワイン**が紹介されています。

中世ヨーロッパでは、このローマ帝国のスパイス入りワインを受け継ぎ、発展させました。紀元前460年頃に生まれた古代ギリシアを代表する医学者ヒポクラテスの名を冠した「ヒポクラテスの袖」というスパイス入りワインが非常に人気で、薬として用いられたほか、宴会でもふるまわれていきました。

また、「ヒポクラテスの袖」は「媚薬」として取り扱われることもあったようです。これは混合スパイスの配合量が非常に多かったため、そのように捉えられていたようです。例えば、このワインに入れるスパイスのひとつであるナツメグ（メース）は、規定摂取量を超えた配合にすると、幻覚作用が生じることもありました。

つくり方は、鍋にワイン、砂糖、混合スパイスを入れ弱火にかけて煮詰めていき、翌日、その液体を円錐形の布製のフィルターでろ過する、というものです。このフィルターはヒポクラテスが考案したものと言われているため、「**ヒポクラテスの袖**」と命名され、それがワインを指すようにもなりました。

第1章でも取り上げましたが、古代から中世へと変遷する過程で、甘みを司るものがハチミツから砂糖に置き換えられているのがわかります。13～15世紀当時にはまだ高価な材料だった砂糖を加えてスパイス入りワインを作ることは、栄華の象徴になったというところもポイントです。

このスパイス入りワインが人気だった証拠に、数多くの中世ヨーロッパの料理書にこのレシピが収録されています。例えば、イングランド王リチャード2世付きの宮廷料理長が著した『ザ・フォーム・オブ・キュリー（料理の方法）』という中世イングランド料理書や、1393年にフランスで刊行された『ル・メナジエ・ド・パリ』という料理書及び家政書、そしてスペインの料理人ルペルト・デ・ノラが1520年に書いた『リブレ・デル・コチ（料理の書）』などに「ヒポクラテスの袖」のレシピが載っています。

ちなみに、人気の理由のひとつになったのが「**四体液説**」です。中世ヨーロッパではこの「四体液説」が料理の世界でも重要視されていました。ワインは「**冷・乾**」の要素を持っているので、そのバランスをとるために、「**温・湿**」の要素を持つスパイスを加えた「ヒポクラテスの袖」

は、体に良いと考えられていたためです。

さて、このドリンクは中世から大航海時代を経ても一定の人気があり、その後19世紀に至るまでヨーロッパ各国の料理書で取り上げられています。

《ファルスタッフ》のオペラ飯《メシ》として今回は、シェイクスピアと同時代の1585年に刊行されたトーマス・ドーソン著『良き主婦の宝石』というイングランドの料理書から「ヒポクラテスの袖」のレシピを紹介します[↓巻頭レシピ29頁]。こちらでは「ワインに砂糖、シナモン、ジンジャー、長コショウ、メースを加えて煮詰める。1日鍋で煮込んだら、布製フィルターに2回通して飲む」とあります。

ところで、サリエーリはお酒をたしなみません。第1章でも紹介しましたが、理由は、本人が述べているとおり、普通のワインを美味しく感じたことがないからです。しかし、この砂糖やシナモンを加えたスパイス入りワイン「ヒポクラテスの袖」であれば、どうでしょうか。きっとこのあま〜いワインならサリエーリも満足して飲んでいただけることでしょう。この「ヒポクラテスの袖」はその後、現代のグリューヴァイン(ホットワイン)に受け継がれ、時代とともに飲み継がれていきます。

鹿伝説シェイクスピアと鹿肉パイ

数多いシェイクスピアの伝説の中でも特に有名なもののひとつが「**鹿泥棒伝説**」でしょう。

青年シェイクスピアがストラトフォードの近くチャールコートにあるサー・トマス・ルーシー家の庭園から鹿を盗み、それが暴露されたため、故郷を追われロンドンに出てきたという伝説です。

この伝説がいつから語られているかはわかりません。もしこれがシェイクスピアの生きている時代に表出したものであれば、《ファルスタッフ》の原作である『ウィンザーの陽気な女房たち』の第1幕・第1景で、ジョージ・ペイジが皆をおもてなしするための料理として登場する**「焼きたての鹿肉パイ」**は、まさにその意趣返しということになります。逆に、死後に出てきた伝説であれば、この劇の料理から独り歩きして鹿泥棒になったと言えるかもしれません。

さて、そんな鹿肉パイですが、1600年前後のイングランドではメジャーなパイ料理として、複数の料理書に載っています。先に紹介したトーマス・ドーソンの『良き主婦の宝石』やジャーヴェス・マーカム著『英国の主婦』という料理書にあるレシピでは、鹿肉を細かく刻むかミンチにして、塩コショウをふって赤ワインで煮込み、デーツやプルーンとともにパイ生地で包みオーブンで焼き上げます。

残念ながら、鹿肉パイのシーンはサリエーリの《ファルスタッフ》では省略されてしまいましたが、シェイクスピアの伝説を担う料理でもありますので、スパイス入りワインとともに本書で紹介します〔→巻頭レシピ30頁〕。

サリエーリとベートーヴェンのその後

ベートーヴェンとサリエーリとの師弟関係は1800年から1802年までのおよそ3年と言われていますが、それ以降も機会があれば、ベートーヴェンはサリエーリにイタリア語テキストを基にした楽曲を見せて、サリエーリからの教えを受けていたようです。1808年には、サリエーリ不在時に訪れたベートーヴェンが残していった書き付け（「弟子ベートーヴェンここに参上」）を、当時サリエーリの弟子だったチェコ人作曲家イグナーツ・モシェレスが見つけ、その関係性に驚いています。

残念ながらサリエーリは宮廷楽長という立場だったので、ときには唯我独尊のベートーヴェンのやることに、反対せざるをえず、2人の間で仲違いが起きることもありました。そのため、ベートーヴェンの伝記などでは不仲だと書かれたりもしていますが、1813年12月8日に傷病兵救済慈善演奏会がウィーン大学ホールで催され、ベートーヴェン作曲《ウェリントンの勝利、またはヴィットリアの戦い》が初演時には、ベートーヴェン自らオーケストラの指揮をとり、サリエーリは打楽器奏者や大砲手に合図を送る副指揮者を務めるなど、後年もベートーヴェンに対して助力を惜しまなかったことがわかります。

Column

音楽の名人、台所を支配する？
～料理人ベートーヴェンのフルコース～

1809年1月7日付でベートーヴェンはライプツィヒの出版社ブライトコプフ＆ヘルテルにこんな手紙を送っています。

小生の音楽会を開かねばならなかったのですが、音楽関係者の四方八方から妨害を受けました。…［中略］…なかでも、サリエーリ氏が先頭になって、彼の仲間で小生のために演奏した音楽家はみな絶交するとおどかしたのです

実は、四方八方の妨害を受けた理由は、1808年12月22日に予定されていた音楽家協会の慈善演奏会と同日に、ベートーヴェンが自作発表演奏会を開催したからです。音楽家協会の慈善演奏会は未亡人と孤児のための基金集めを目的とするものなので、この日にぶつけてきたら反対の声が上がっても致し方ありません。

そんな、1809年頃のウィーンの食生活はどんどん貧しくなっていきました。フランス軍にウィーンを占領されるなど、食糧の供給が悪化し、レストランで食べられる料理も限定され、料理の質自体が落ちるなど、食をとりまく状況はとても厳しくなりました。

そのころのベートーヴェンは、家政婦を雇って食事の世話を受けていましたが、たいていが

ベートーヴェンにとって「ほぼ不十分」という出来栄え。こうした状況から、とうとうマエストロベートーヴェンがみずから炊事を行なうという歴史的な事件が起きました。しかも、友人たちを自宅に招待してのディナーショーの開催です。

そんなシェフ・ベートーヴェンの作った料理が記録に残されています。まず、会場に着いた面々は、寝間着に身を包み、もじゃもじゃ頭に立派なナイトキャップをつけ、腰には青いエプロンをつけて、かまどで四六時中忙しく動き回るベートーヴェンの姿を発見します。それから1時間半以上待たされて、ようやく料理が提供されました。

メニューは

1 スープ
2 牛肉料理
3 野菜
4 牛肉料理

というコースでしたが、その内容はというと、スープは物乞い連中が食堂で施しとして食べる残り物を想起させるひどいもの、牛肉は半分ほど火が通っていない生焼き状態、野菜は油と水が合わさったものの中を漂っていて、牛肉とは別のローストした肉は煙突の中で燻製にしたのではあるまいかという状態の出来栄えでした。

この文字情報を脳内で想像するとおぞましいの一言です。参加したベートーヴェンの友人たちに同情するほかないのですが、当のベートーヴェン本人は全ての料理を大いに味わい、その会合を心の底から楽しんでいたそうです。とはいえ、その後、幸運なことにビストロベートーヴェンによる料理イベントの開催はなくなりました。ベートーヴェンは永久に包丁を封印したのでした。

第8章

〜1810年〜

カフェ・ラテとヨーロッパ情勢

あるいは
サリエーリ事件簿 その3

「ウィーンからコーヒーが消えた日」

《声楽のための冗談音楽集》

カノン第１番〈合唱団に入ろう〉、第２番〈酒瓶万歳〉

作品情報

《声楽のための冗談音楽集》
作詞・作曲　アントニオ・サリエーリ
出版　1815 年 4 月、ウィーン

「ミルクコーヒーヲ頼ムヨ」

1810年のヨーロッパ情勢が肌身に感じられる出来事を、サリエーリが伝記作者モーゼルに語ったものがあるので、本章で紹介します。

1794年来、さまざまな二重唱、三重唱そしてカノンなどの歌曲を書いてきたサリエーリ。『音楽の戯れ（スケルツォ）』と名づけられた曲集の音楽のほとんどは、彼が散歩の時間に作曲していたものです。そして散歩の終わりになると、携帯している書字板に銀尖筆でそれを書き留めたのです。そのメロディの多くはウィーンの西の近郊、ヴァイトリンガウや、アウガルテン（ウィーン中心部レオポルトシュタット地区の公園）の美しい庭園での散歩の間に生み出されました。季節がよければ、そこで朝食をとるのも楽しみにしていました。彼がよく冗談めかして語る失敗談があります。

政治的な事情から、公の場でコーヒーを提供することが禁じられる時代に、アウガルテンで朝食をとるにあたって、サリエーリは若い頃から慣れ親しんだ習慣どおりに、給仕の男にイタリア語で声をかけました。

「アア君、ミルクコーヒーヲ頼ムヨ」

しかし給仕は何やら目をパチクリさせて、不思議そうな表情でこちらを窺っていたかと思うと、今度は悲しそうな顔をしてみせるのです。さすがにサリエーリも、理解せざるを得ませんでした。愛してやまない飲み物であるミルクコーヒーを今は諦めなくてはならないらしいのだ、と。このときばかりは、彼も上質のメロディをひねり出そうという意欲がすっかりなくなってしまい、しばらくのあいだは何も思いつけなかったのでした。

『音楽の戯れ』。今回このように訳していますが、モーゼル著『サリエーリの生涯と作品』の原文では「スケルツォ・アルモニコ（ハーモニック・ジョーク）」と出てきます。おそらく、1815年4月に楽譜の出版となった《声楽の冗談音楽集（Scherzi armonici vocali）》のことでしょう。サリエーリは、この時期「ミルクコーヒー」が飲めず、素晴らしいメロディがなかなか浮かんでこない状況でしたが、はたして作品に仕立て上げたようです。ところで、どうして公の場でコーヒー飲料の提供ができなくなっていったのでしょうか。18世紀末から19世紀初頭のヨーロッパならびにウィーン情勢を見ていくことにしましょう。

ヨーロッパの1790年代——新たな戦争の始まり

1789年にフランスで起こった革命の結果、フランス国王ルイ16世、王妃マリー・アントワネットは処刑されてしまいます（1793年）。フランス以外のヨーロッパ諸国にとって、危機感を募らせるものでした。革命の自国への波及はなんとしても食い止めなければなりません。特に神聖ローマ帝国最後の皇帝ことフランツ2世にとっては、叔母であるマリー・アントワネットを処刑したフランス革命政府に対して敵愾心《てきがいしん》を燃やしていました。

マリー・アントワネットが処刑される前年、1792年にフランス革命政府はオーストリアに宣戦布告し、フランス革命戦争が勃発しました。フランスはフランスの脅威に対抗するべく結成されたヨーロッパ諸国の同盟（第一次対仏大同盟、オーストリア、プロイセン、ネーデルラント、スペイン、イギリス、ナポリ、サルディーニャ王国）と対峙することになります。

陸海からフランスに攻撃を仕掛けた対仏同盟軍に対し、フランスも徐々に攻勢を仕掛けていきます。その立役者がナポレオン・ボナパルト（1769～1821年）です。

若き将軍の到来――ナポレオン、オーストリア撃破の歴史

1769年8月にコルシカ島に生まれたナポレオン・ボナパルトは、1784年3月にパリのシャン・ド・マルスの陸軍士官学校に入学しました。数学が得意で、16歳の若さで砲兵少尉の免状を得ることになりました。

士官学校を出たナポレオンは、コルシカ独立のために戦える日を望んでいましたが、イギリスの援助を受けて完全独立を目指すパオリ派との対立から、ボナパルト家は襲撃され、一家はマルセイユに亡命することとなりました。そして1794年には、コルシカはイギリスの保

護下に入ることとなり、ナポレオンの夢は潰え、「コルシカ人」ではなく「フランス人」として生きていくことに切り替えました。

1795年10月パリでヴァンデミエールの反乱が起きました。このとき、国民公会軍司令官となったポール・バラスがナポレオンを副官として抜擢し、ナポレオンはその期待に応えます。なんと、首都の市街地で一般市民に対して大砲を撃つという大胆な戦法をとって反乱の鎮圧に成功しました。この結果、ナポレオンは師団陸将（中将相当）に昇進し、国内軍副司令官、ついで国内軍司令官の役職を手に入れました。

ナポレオン（1804年）

その後のナポレオンの活躍を、次頁の年表で確認してみましょう。本章で取り上げている1810年まで紹介していますが、ナポレオンは、その後もヨーロッパで、文字通り暴れまくります。その後、ロシアに侵攻するも、ロシアの冬を前に大敗します。そしてオーストリア・プロイセン軍、スウェーデン軍、イギリス軍による第6次対仏大同盟がフランス国境を固め、大包囲網が完成すると、ナポレオンは大苦戦。あえなくパリは陥落してしまいます。

ナポレオン関係年表

1796年　イタリア方面軍司令官に就任。
1797年　**オーストリアとカンポ・フォルミオ条約を結ぶ（第一次対仏大同盟が崩壊）。**
1798年　ナポレオン軍がエジプトに上陸、ピラミッドの戦いで勝利しカイロに入城。イギリス主導で第二次対仏大同盟を結成。フランス本国が危機に陥る。
1799年　**オーストリアにイタリアを奪還され、側近とともにフランスへ戻る（第二次対仏同盟戦争）。**ブリュメールのクーデターを起こし統領政府を樹立。第一統領（第一執政）となる。
1800年　**マレンゴの戦いでオーストリア軍に勝利。**
1801年　**オーストリアとの和約（リュネヴィルの和約）で第二次対仏大同盟が崩壊。**政教条約締結。
1802年　アミアンの和約（イギリスとフランスとの間で講和条約締結）。レジオン・ドヌール勲章を創設。憲法改定により､自らを終身統領（終身執政）と規定。
1803年　植民地のサン＝ドマングでフランス軍大敗す。
1804年　フランス領サン＝ドマングがハイチ共和国として独立（ハイチ革命）。「フランス人民の皇帝」として戴冠（フランス第一帝政開始）。
1805年　第三次対仏大同盟戦争。トラファルガーの海戦でイギリス海軍に完敗。
ウルムの戦いでオーストリア軍を破り、ウィーンを占領。
アウステルリッツの戦い（三帝会戦）でロシア･オーストリア連合軍を破る。オーストリアとプレスブルク条約締結。第三次対仏大同盟が崩壊。
1806年　プロイセン、ロシア、ザクセン王国、スウェーデン、イギリスによる第四次対仏大同盟の結成。イエナの戦い・アウエルシュタットの戦いでプロイセン軍に大勝。ベルリンを占領。神聖ローマ帝国内の全ドイツ諸侯にフランス帝国との同盟を結ばせ、ライン同盟が成立。
フランツ２世がドイツ皇帝（神聖ローマ皇帝）退位と帝国の解散を宣言。ベルリン勅令（大陸封鎖令）。ロシア・プロイセンを含めた欧州大陸諸国とイギリスとの貿易の禁止。
1807年　アイウラの戦い。プロイセン・ロシア連合軍と痛み分け。
ハイルスベルクの戦い､フリートラントの戦い。ロシアを撃破。ティルジット条約にてプロイセンの領土を獲得、ロシアとの協調関係を築く。
1808年　イベリア半島戦争に介入、兄のジョゼフをスペイン王に就ける。
スペイン軍･ゲリラ連合軍の前にデュポン将軍率いるフランス軍が降伏（陸上での初の敗北）。
1809年　**オーストリアがイギリスと第五次対仏大同盟を結成。アスペルン・エスリンクの戦いで直接指揮を執るも、オーストリアに敗北。続くヴァグラムの戦いでオーストリアに勝利し、シェーンブルンの和約を結ぶ。**
1810年　**皇后ジョゼフィーヌと離別し、オーストリア皇女マリ・ルイーズと再婚。**

そのようなわけで、ナポレオンの登場によって、ヨーロッパの情勢は大きく変わりました。特にオーストリアでは、対ナポレオン戦争による国力の疲弊によって、日に日に食糧事情が貧弱となっていきました［→コラム「音楽の名人、台所を支配する?」参照］。

さて、オーストリアでの公の場でコーヒー飲料の提供が禁止されることになるのですが、その理由をお話しする前に、コーヒーの歴史を見ていくことにしましょう。

コーヒーの歴史

第6章でコーヒーハウスについて紹介したので、ここではコーヒーそのものを紹介します。コーヒーはもともと、東アフリカのエチオピアが原産でした。そこから対岸のイエメンに伝わり、15世紀前半にはイエメンのイスラム神秘主義者スーフィー教団によって、神に祈りをささげるときに飲まれるようになりました。そして、この習慣によって、コーヒーとその知識がアラビア半島を北上し、イスラム世界へと広がっていきます。15世紀末に

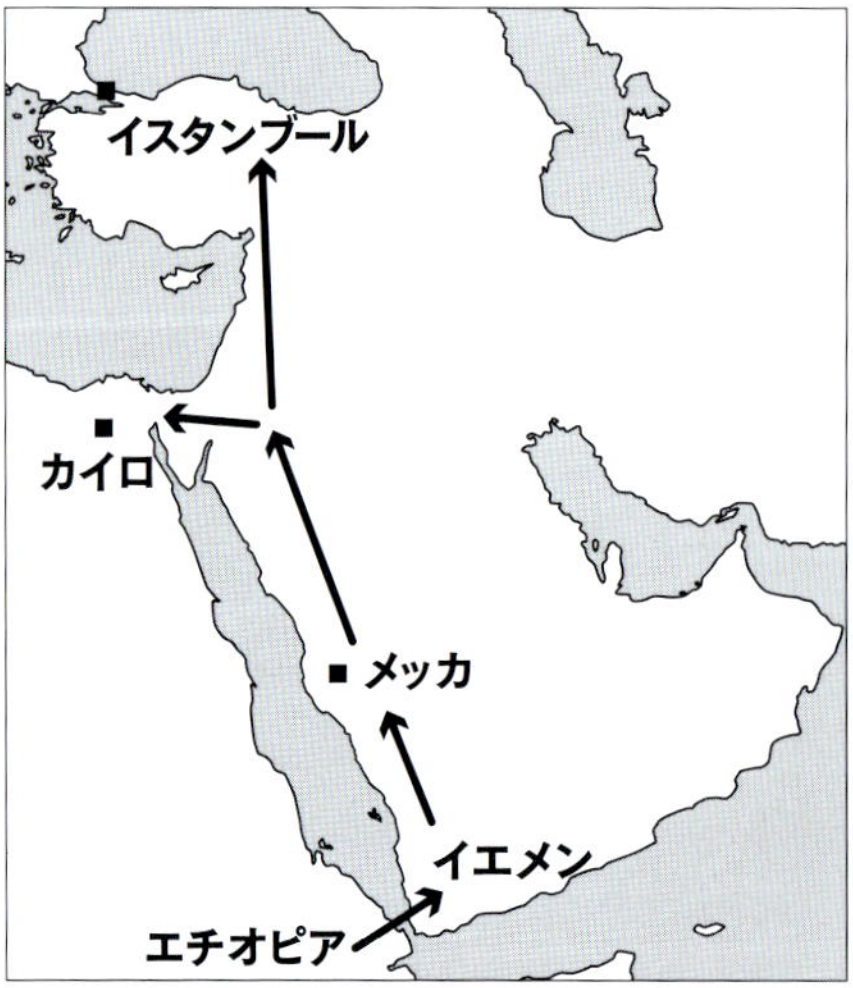

コーヒーの伝幡

メッカへ、16世紀初頭にカイロへ、そして16世紀半ばにはイスタンブールへと到達しました。

これまでも、アラブ地方を訪れたヨーロッパからの旅行者が、この黒い飲み物を人生で初めて見て、自ら味わい、その匂いや味わいに感銘を受けて、持ち帰ろうと試みますが、イスラム教との関連を理由に阻まれてきました。しかし、イスタンブールにコーヒーが伝来して流通経路が確立され、コーヒーハウスが開設されるようになると、ついに、コーヒーの波が、堰《せき》を切ったようにヨーロッパ世界と押し寄せるようになりました。

さて、そんなコーヒーですが、ことハプスブルク帝国での話となると、コーヒーの普及時期はあいまいとなります。なぜなら、ウィーンはヨーロッパの中でもオスマン帝国から非常に近い場所にあり、たびたびヨーロッパ進撃の足掛かりとして、オスマン帝国はウィーン包囲を行なっていたので、はっきりとした時期はわかりません。

1665年に和平条約締結のため、ウィーンに派遣されたトルコ代表団の中に、コーヒー給仕がいました。その影響からか、翌年の1666年にはハプスブルク帝国内でコーヒーの取り引きがさかんに行なわれたという記録が残されています。その後、1668年7月6日の皇室財政記録文書の記述には、コーヒー20ポンドを輸入したベオグラードの商人の記録が残されています。

なお、ウィーンのコーヒーにまつわる話では、ゲオルク・フランツ・コルシツキーの伝承が有名です。コーヒーにまつわる歴史の本では必ず取り上げられていると言ってもいいこの伝承ですが、先に結論を言っておきましょう。伝承のほとんどすべてがフィクションです。

コルシツキーの「英雄譚」は以下の通りです。ポーランド語、セルビア語、トルコ語、そしてドイツ語に堪能だったポーランド人のゲオルク・フランツ・コルシツキーは、兵役に志願します。１６８３年の第二次ウィーン包囲の際に、皇軍の伝令役として活躍。トルコ軍陣地を横断する危険な伝令役を何度も務め、ポーランド・オーストリア連合軍の勝利に貢献しました。トルコ軍が逃走した後に、2万5千張のテント、１万頭の牡牛、５千頭のラクダ、10万個の穀物袋、その他に多くのコーヒー豆の袋が残されました。コルシツキーはこのコーヒー豆の袋を貰い、これをもとにウィーン初のコーヒーハウスを開設した、というものです。

実際のコルシツキーは、１６８０年から82年にかけて、通訳あるいはオーストリアのスパイとして、ウィーンとコンスタンティノープル間を往復したことがわかっているだけで、１６８３年の第二次ウィーン包囲で何をしていたのかはわかっていません。コルシツキーの「英雄譚」は、オーストリアのコーヒーの歴史に箔をつけるために19世紀以降に作られたもののようです。ほぼ無名の人物であるものの、トルコとウィーンに関連し、第二次ウィーン包囲の起こった年代の前後に活動したという点が、コーヒーの歴史を伝える際の逸話の主人公にうってつけだったと考えられます。

記録に残っているウィーン初のコーヒーハウスは、アルメニア人のヨハネス・ディオダートが、１６８５年に開設し、営業を開始したものです。オーストリアでのコーヒーの売買は、アルメニア人が一手に引きうけていた事情が大きいようです。

１６９７年には、ウィーンで認可を受けたギルド、コーヒー職人兄弟団が創設され、コーヒーにミルクを加える飲み方が提唱されました。具体的には、お客はコーヒーの色を見ながら、好みの濃さに応じてミルクの量を加えていく飲み方です。ミルク入りコーヒーの始まりです。

カフェ・ラテ？　カフェ・オ・レ？　ウィンナーコーヒー？

冒頭のシーンで、サリエーリは「ミルクコーヒーヲ頼ムヨ」とイタリア語で給仕に伝えています。これは、一次史料のモーゼル著『サリエーリの生涯と作品』には、カフェ・コル・ラテ（Caffè col latte）と書かれています。

カフェはもちろんコーヒーのこと。コル(col)は前置詞の「～とともに」を意味するコン(con)と男性単数定冠詞イル（il）が合わさったものです。ラテ（latte）はミルクの意ですので、「ミルク入りコーヒー」となります。

コーヒーとミルクの組み合わせにはさまざまな呼び方がありますので整理しておきましょう。

現在「カフェ・ラテ」と呼ばれるのは、エスプレッソコーヒーに蒸気加熱したミルクをカップの3分の1ほど加えたものが一般的です。ただし、このような形となったのは20世紀ごろと言われています。先に紹介している通り、1806年、ナポレオンがイギリス製品をボイコットする**ベルリン勅令（大陸封鎖令）**を発したことから、ナポレオンの影響下にあったヨーロッパで砂糖やコーヒー豆が極端に不足することになりました。イタリアでは苦肉の策としてコーヒーの量を通常の3分の2程度に減らし、通常のコーヒーカップから半分程度の大きさのデミタスカップで提供し始め、それがエスプレッソになったと言われています。サリエーリがカフェ・コル・ラテとオーダーしたものも、現代のカフェ・ラテとは少し異なるミルク入りコーヒーという意味です。

いっぽう「カフェ・オ・レ」はフランス語です。カフェ・オ・レ(café au lait)のカフェはコーヒーのこと、オ(au)は英語のinやtoにあたる前置詞àと男性単数定冠詞leが合わさった縮約型で、レ(lait)はミルクです。こちらは「ミルクにコーヒーを注いだもの」といった意味になります。

コーヒーが伝わってきたばかりのフランスでは、コーヒーは人間の心身に悪いらしい、どうやら、毒性もあるようだ、という風説もありました。飲んでみたい欲求はあるものの、イスラム圏で飲まれていたドリンクかつその黒い色から、二の足を踏んでいたところがありました。そこで、豊穣と清純のシンボルと言われいていた牛乳をコーヒーに加えて、コーヒーの「毒性」を中和させる、という方法が考案されます。そうやって、混ぜ合わされた「白いコーヒー」を飲んでから、4時間程度食事をとらないでいると、コーヒーが胃に染みこんで、それが非常に身体に良いと見なされました。

コーヒーの毒性も、コーヒー牛乳の効能も、現代の科学にとっては噴飯ものでしょうが、当時はそんな迷信が信じられていました。その後、フランスではコーヒーが牛乳や砂糖と一緒に飲まれるようになると爆発的に広まり、たちまちあらゆる階層で飲まれるようになりました。

1684年、フランスの人文学者フィリップ・デュファールは自著で「コーヒーをミルクに入れて少々煮詰めるとチョコレートのフレーバーがするようになり、すべての人が気に入るだろう」と述べていて、さらに1690年、カフェ・オ・レ好きの高貴な女性は「牛乳を砂糖とおいしいコーヒーと混ぜることを思いついたのです」とカフェ・オ・レ普及の要因について語っています。

ちなみに、ウィンナーコーヒーは、ドイツ語では文字通り「ウィーン風コーヒー」という意味しかなく、ウィーンには、日本で思い浮かべるような、コーヒーの上にホイップクリームを浮かべた飲み物というものは存在しません。メランジェ、ブラウナー、アインシュペナーなどの「ウィーン風コーヒー」もサリエーリが亡くなってから生まれたものです。

戦時下のウィーンコーヒー供給事情

既に本章で2回登場している1806年、ナポレオンによる「**ベルリン勅令（大陸封鎖令）**」。サリエーリが1810年にミルクコーヒーを飲むことができなくなってしまったのは、まさにこの影響によるものです。この勅令は、ヨーロッパ大陸諸国と英国との通商断絶を狙って出されました。また、これに対抗するべく、イギリス海軍は、フランスの海上貿易を妨害するために、海上を封鎖しました。こうした事情により、大陸諸国とイギリス間の通商は全面禁止となったのです。

1810年当時、世界のコーヒー供給量の80パーセントをカリブ海地域産が占めていました。伝統的なエチオピア産やアラビア半島のイエメン産の供給量を遥かに凌駕していたのです。また、西インドやジャワ島でもコーヒーが生産されていましたが、この海上封鎖によって、コーヒー豆の輸入が絶たれてしまいました。

唯一、エジプト、シリア、トルコを経由したイエメン産のコーヒー豆「アラビア・モカ」などが、ヨーロッパへと輸入されていましたが、需要に対して供給はわずかばかりです。密輸品のコーヒーが市場に出回り、チコリの根を利用した代用コーヒーの開発が行なわれましたが、焼け石に水です。

ついにオーストリア帝国でも、1810年8月1日より、コーヒーハウスでのコーヒー提供を禁じることとなりました。これが、「政治的な事情から、公の場でコーヒーを提供することが禁じられる」理由でした。この政策は1813年まで続くというのですから、この時期のサリエーリの作曲活動に暗い影を落としていると言ってよいでしょう。

ナポレオンとコーヒーのその後

ナポレオンの大陸封鎖によって生じた砂糖とコーヒーの欠乏はドイツ人を対ナポレオン蜂起に駆り立て、このようにして1813年の輝かしい解放戦争の現実的土台となったことで、砂糖とコーヒーは19世紀においてその世界史的意義を示したのである。

（カール・マルクス、フリードリヒ・エンゲルス著『ドイツ・イデオロギー』）

オーストリア、プロイセン、ロシア。スウェーデンの連合軍がライプツィヒの戦いでナポレオンを打倒したのが、1813年でした。そしてこの年、ようやくオーストリアのコーヒー禁止令も解除されます。食べ物の恨みだけではないでしょうが、大陸封鎖令による食料の供給制限や代用ドリンクだけでは、生きていけなかったのでしょう。「本物」を味わいたい！　というカール・マルクスのこの言葉は当時のヨーロッパの人々も思いを代弁しているようです。

こうして、牛乳や砂糖を加えた改良と戦時下の一時的な欠乏を経て、異国の飲み物だったコーヒーは、ヨーロッパのドリンクとして幅広い層に受け入れられるようになりました。

その甘くて美味しいミルク入りコーヒーを飲めなかったサリエーリ。作曲に影響を与えるほどということですから、あま〜いコーヒー愛飲家の筆者としても親近感を覚えると同時に、1810年のウィーンでナポレオン戦争が市民生活に大きな影響を与えたことも印象付けられます。さて、この時期に新たな才能との出会いが生まれていました。そのひとりがシューベルトです。次章では、サリエーリとシューベルトのレッスン模様と、アイスクリームの歴史を紹介します。

第9章

〜1812年〜

アイスクリーム食べある記

あるいは
教え子シューベルトとの
楽しきレッスン

《ピアノのための十の変奏曲》

自筆譜タイトルページ　（フランス国立図書館）

作品情報

《ピアノのための十の変奏曲》
作曲　フランツ・シューベルト

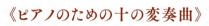

晩年のサリエーリは、教育者として後進の指導にあたる比重が大きくなっていきました。第7章でも紹介したベートーヴェンをはじめ、今日のクラシック音楽を代表する名作曲家たちが、サリエーリのもとで作曲を学びました。主な人物だけでも、ヨーゼフ・ヴァイグル、ヨハン・ネーポムク・フンメル、イグナーツ・モシェレス、ジーモン・ゼヒター、ジャコモ・マイヤベーア、アンゼルム・ヒュッテンブレンナー、フランツ・シューベルト、フランツ・リストなど、数多く列挙できます。作曲以外では声楽も教え、ウィーンのオペラ界で活躍する声楽家を輩出しました。

そんなサリエーリの弟子たちとの逸話には事欠きませんが、とりわけ心温まるエピソードを持つシューベルト（1797～1828年）に登場してもらいましょう。

ウィーン帝室・王室第一宮廷楽長サリエーリの生徒

1808年5月28日、『ウィーン新聞』に、帝室宮廷礼拝堂の聖歌隊員（現在のウィーン少年合唱団）の2名の欠員があるという広告が出されました。シューベルトの父はそれをしっかりと見つけ、当時11歳で学校の成績もよく、歌もうまい息子のフランツなら必ずや合格するだろうと考え、この募集に申し込みました。

9月30日に入学試験を受けたフランツ少年は、試験官たちの面前で与えられた試験課題曲を

シューベルト（1821年）

的確に歌い、その結果、10月14日に合格通知を受け取りました。試験官のひとりにサリエーリもいました。サリエーリはこの試験の所見で「ソプラノではフランツ・シューベルトとフランツ・ミュルナーが一番良い」という評価を下しています。

シューベルトは、シュタット・コンヴィクトという学生寮の寄宿生となり、ギムナージウム（中等教育機関）で基礎的教育を学ぶことになりました。具体的にはドイツ語の読み書き、道徳、宗教、地理、歴史、数学、自然科学に加え、ラテン語とギリシア語を学んでいきます。

また、宮廷礼拝堂聖歌隊員には歌唱、ピアノ、ヴァイオリンが課されていましたが、シューベルトはそれらの課目で常に「優」を取りました。このころに創作活動も開始します。コンヴィクトの寮生オーケストラのための管弦楽曲やドイツ語の歌曲でした。

当時、10人の宮廷礼拝堂聖歌隊の音楽指導を行なっていたサリエーリは、シューベルトが書いた数曲の作品を見てとるや、彼の才能にいち早く気づきます。そして、サリエーリはコンヴィクト側に異例の要請を行ないました。それは、寮の外出禁止規則を特例で免除してもらうもので、シューベルトは週に2度のサリエーリの自宅レッスンを受けられるようになったのです。

1812年6月18日　対位法［の勉強］を開始。第一類。

記念すべき最初のレッスンは、シューベルトが楽譜の練習帳に遺したメモから1812年と判明しています。サリエーリはシューベルトに旋律を書き与えて、対旋律をつけさせることから始めました。ほどなくして、ベートーヴェンの時と同様に、メスタージオのテキストを使い、イタリア語の詩に対して、3つのアリアと合唱曲を1曲作るという課題をシューベルトに与えて添削を行なっています。

シューベルトとの最初の個人レッスンを行なったとき、サリエーリは61歳と10か月を数え、15歳のシューベルトとはおよそ47歳違いでした。そんな親と子以上に離れた年齢差もあって、シューベルトの「宮廷第一楽師長《カペルマイスター》」への尊敬の念はとても強かったようです。

シューベルトにとっては願ってもない僥倖のレッスンだったことは想像に難くありません。

シューベルトが遺したメモのうち、サリエーリに関する記述のものをここで抜き出してみます。

1813年10月30日着手、フランツ・シューベルト。ウィーンの帝室・王室宮廷楽長サリエーリ氏の生徒。

（魔法オペラ《悪魔の別荘》（D84）の草稿の表紙に書かれたメモ）

フォルテ・ピアノのための十の変奏曲。フランソワ・シューベルト作曲。ウィーン帝室・王室第一宮廷楽長サリエーリ氏の生徒。1815年2月15日。

（《十の変奏曲ヘ長調》（D156）の手稿の末尾に書かれたメモ）

ウィーン帝室・王室第一宮廷楽長サリエーリ氏の生徒。1815年6月27日。
（歌芝居《フェルナンド》（D220）の手稿の上に書かれたメモ）

ウィーン帝室・王室第一宮廷楽長サリエーリ氏の生徒。1815年7月26日。
（リート劇《ヴィラ・ベラのクラウディーネ》（D239）の手稿の上に書かれたメモ）

ウィーン帝室・王室第一宮廷楽長サリエーリ氏の生徒。
（1815年11月18日。歌芝居《サラマンカの友人たち》の手稿の上のメモ）

ご覧の通り、レッスンが始まったころばかりでなく、3年経った1815年でも「サリエーリ氏の生徒」という記述があり、シューベルトはサリエーリからのレッスンに心からの感謝を示し、その実直な気持ちがメモにも遺されています。

なお、1813年10月30日に着手したシューベルトの最初のオペラである《悪魔の別荘》では、サリエーリにその曲を見せています。サリエーリのアドバイスもあったからでしょうか。シューベルトは第1幕と第3幕を改訂しています。

音楽性の違いから…

サリエーリは、シューベルトの音楽の才能を高く評価し、「あの子は何でも出来ます。オペラでも、リートでも、四重奏曲でも、交響曲でも、作曲したいと思ったものは何でも作曲します」と答えています（フェルディナント・シューベルト『フランツ・シューベルトの生涯から』）。そのため、シューベルトが１８１３年11月23日にコンヴィクトを退寮した後も、サリエーリはシューベルトに特別に目をかけて、毎日作曲のレッスンを行なっています。

シューベルトの声域は広く、バリトンやテノール、音域の広いファルセットの声も出せました。シューベルトの友人であり、サリエーリに師事した作曲家アンゼルム・ヒュッテンブレンナーが語るところでは、

　サリエーリの家で宮廷音楽図書館の古い総譜から初見で歌ったりする場合、女性が一人もいなくて困った時など、アルトやソプラノのパートまで彼（シューベルト）が引き受けるのでした

という逸話も伝えられています。

サリエーリは、イタリア語のオペラ作曲家として、己の持てる能力をシューベルトに惜しみなく注いでいきました。いっぽうシューベルトは、師が思い描く立派なイタリアオペラの作曲家とは違う別の新たな道を歩んでいくことになります。

サリエーリは、シューベルトに昔のイタリアの巨匠たちの譜面を勉強のために与え、シュー

ベルトも、恩師からの期待に応えるべく、情熱と愛情をもって課題に取り組んでいきますが、彼にとっては、モーツァルトのオペラや、特に夢中になったベートーヴェンの諸作品がもたらす満足感を、イタリアの巨匠たちの作品から見出すことはできなかったのです。

シューベルトはやがてドイツ・リート（ドイツ語の歌曲）に強く惹かれていくようになります。ゲーテ、シラーなどの詩に心惹かれ、その詩に音楽をつけていきたいという欲求にあらがうことができなくなりました。

サリエーリにとっては、ドイツ語に音楽をつけることは理解に苦しむことで、弟子への忠告も何度も行なっていきました。が、結局、その忠告は届きませんでした。シューベルトは、彼の内面から湧き上がる大きな声に導かれ、ついにはサリエーリの下から巣立ち、ドイツ・リートの作曲家として自身の進む道を切り開いていくことになりました。

思い出のアイスクリーム

そんなサリエーリとシューベルトの食のエピソードが、先に登場した作曲家ヒュッテンブレンナーから語られています。

時々、サリエーリ先生は生徒であるシューベルトにアイスクリームをごちそうしました。アイスはグラーベン通りにあるレモネードの簡易型屋外販売店《キオスク》で買っていました。先生は、

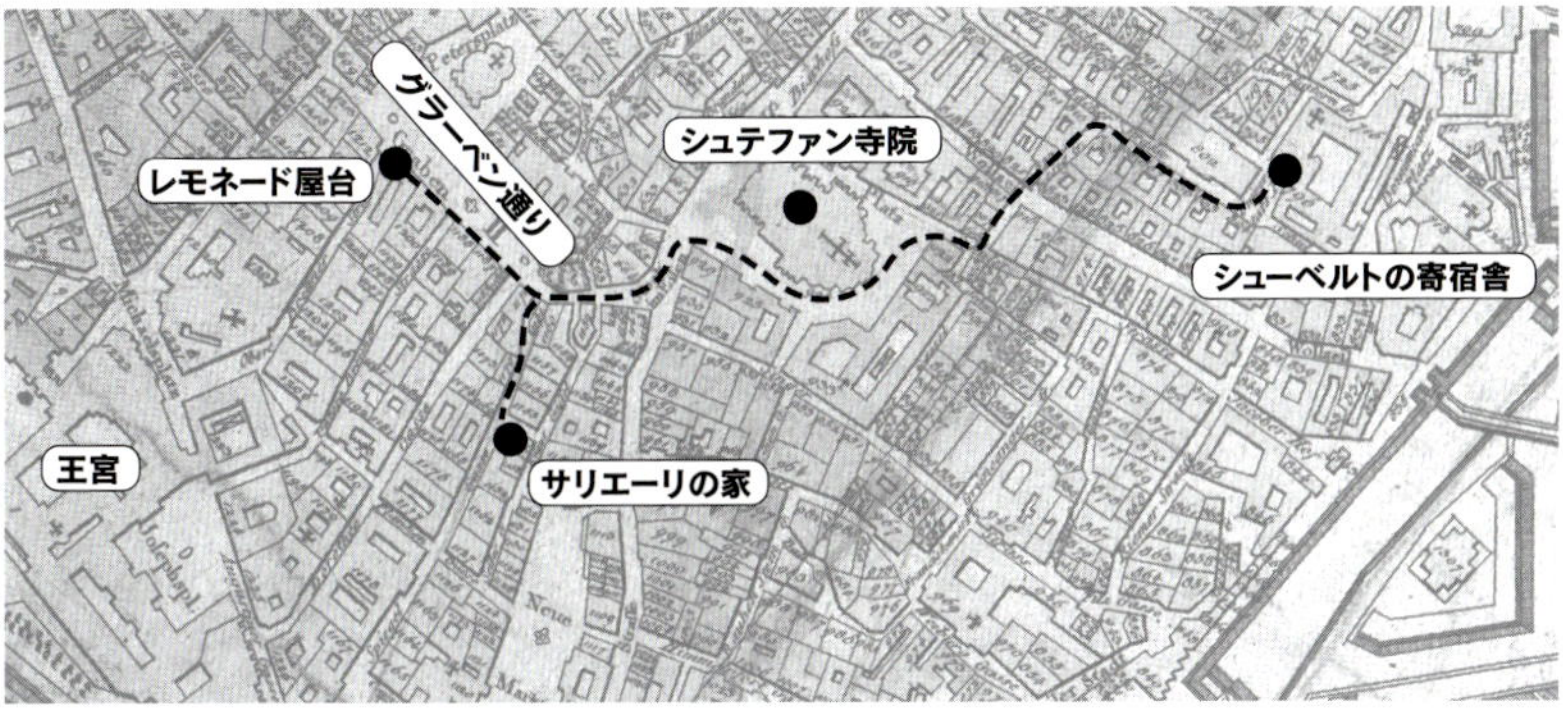

サリエーリとシューベルトが歩いたと思われるルート（1812年頃の地図にもとづく）

シューベルトのことを思いやっていました

　両親を亡くしたサリエーリは、さまざまな運命の導きによって、ウィーンの宮廷楽長《カペルマイスター》にまで登りつめてきました。本人の才能と努力によるところもありましたが、そうした素質を周囲の人物たちに掬《すく》い上げてもらったおかげで、ここまでたどり着けたことも、身をもって理解しています。

　ですから、若く才能に恵まれた音楽家の卵に出会ったら、無償で個人指導をかって出て、自分が若い時に恩師のガスマンやグルックから施された音楽教育を、惜しげもなくシューベルトら弟子たちに注いできたのでした。

　熱心な音楽レッスンの後は、弟子にとっても先生にとっても楽しいひと時。特例で寄宿舎からの外出を許されたシューベルトだけに与えられた、秘密のご褒美だったのかもしれません。

　サリエーリでの自宅でのレッスンが終わると、シューベルトの下宿するシュタット・コンヴィクトまで、散歩

グラーベン通りのレモネード屋台の様子

がてら見送りにいったことでしょう。家の通りを北上すると、目抜き通りである**グラーベン通り**にぶつかります。レモネードやアイスクリームを販売するキオスクで、先生はアイスクリームを買ってシューベルトに渡しました。

甘いものに目がないサリエーリのこと。シューベルトにアイスクリームをごちそうするとともに、自分の分も一緒に買って、礼拝堂の片隅などでこっそりと2人で食べていたのではないでしょうか。

なお、グラーベン通りのレモネードのキオスクは、当時のウィーンの夏の風物詩でもありました。当時の価格で、レモネードが1杯7クロイツァー（約300円）、アイスは1カップ12～39クロイツァー（約500～1500円）したそうなので、シューベルトにとってはちょっとした贅沢だったと言えそうです（1クロイツァー＝約40円）。

古代メソポタミアのアイス

ところで、アイスクリームはいつ誕生したのでしょうか。雪と氷を山から運び、氷室に貯蔵して飲み物を冷やす習慣は世界各国に残されています。

最古の記録としては、古代メソポタミアで氷室が確認されています。少量の雪や氷を運んできて地下に藁でくるみ、外気と隔離して保管し飲み物を冷やすために利用したそうです。厳しい暑さのメソポタミアで、王や高官のみが享受しうる贅沢でした。

古代中国、古代ギリシア、古代ローマの文献にも氷室への言及が確認できます。例えば、古代ギリシア人は雪を溶かして飲み水にしていたようです。また紀元前4世紀、アレクサンドロス大王が東方に遠征した時、穴を掘って雪を詰め、その上に木の枝を乗せることで雪を保存したといいます。紀元1世紀、プリニウスの『博物誌』によると、ローマ帝国第5代皇帝ネロは、沸騰した水をガラスに入れ、雪の中で冷やしたのだとか。

日本でも応神天皇の皇子、額田大中彦皇子が氷室を見つけ、酒を冷やしたり氷水を作ったりした逸話が遺されています。

冷蔵から冷凍へ

このような雪や氷を利用した飲み物が「アイスクリーム」へと変貌するには、まだもう少し時間がかかります。ここまでは、氷を集めて食べ物を貯蔵する「冷蔵」です。ここから、食べ物を凍った固体に変える「冷凍」にするにはひと工夫が必要です。

冷凍に向けた第一歩は、意外なことに火薬の発明です。9世紀の中国・唐の時代に、硝石（硝酸カリウム）と硫黄と石炭を混ぜると火薬ができることがわかりました。中国で生まれた火薬は、モンゴル帝国のユーラシア大陸の征服とともに西に伝わり、13世紀にはイスラム世界に取り入れられていきます。イスラムの医師で、アイユーブ朝期のシリア・ダマスクス生まれのイブン・アビ・ウサイビアが1242年に書き上げた『医学の歴史（Uyūn al-anbāʼ fī ṭabaqāt al-aṭibbā）』では、硝石にはものを凍らせる性質があり、硝酸カリウム入りの水が冷たくなると記されています。この性質は、インドのムガル帝国に行き渡り、16世紀初頭には硝石を使って飲み水を冷やすようになりました。この方法はヨーロッパにも伝わり、1550年にローマで医師をしていたスペイン人が記したところによると、硝石の溶液を用いてワインを冷やす手法が、当時のローマで一般的になっていたようです。

そして、1558年、ナポリ人ジャンバッティスタ・デッラ・ポルタが著した『自然魔術（Magia Naturalis）』によって、ついに「冷凍」について記されます。具体的には、雪の入った容器に硝石を加えれば、その容器に沈めたガラス瓶の中の液体が凍るというものです。同じくデッラ・ポルタが行なった別の実験から、氷と塩を混ぜ合わせると氷の温度が下がることもわかりました。しかも、氷が水に融解するときに周囲の熱を奪う吸熱反応を利用することで、氷の温度はマイナス20度まで下がり、氷菓を十分に凍らせることができるようになったのです。

硝石や塩、水と氷の化学的性質を利用することによって、冷凍技術が発展していきました。17世紀になると、ナポリで果物のシャーベットが登場し、ヨーロッパを駆け巡ります。そして、ドーヴァー海峡を渡ったイギリスで、アイスクリームが誕生することとなりました。

アイスクリーム誕生す

時は17世紀末。イギリスで1680年代に出版された『グランヴィル伯爵夫人のレシピ集』に「クリームを砂糖で甘くして、オレンジ花の水を流し込む」という王室のレシピが載っています。これが世界で初めてアイスクリームの作り方を収録した料理書と言われています。

18世紀に入ると、チョコレートやレモンなど他のフレーバーのアイスクリームが誕生します。イギリスのアン女王（1665～1714年）の菓子職人による『メアリ・イールズ夫人のレシピ集』（1733年）には、ソフトクリームやチョコレート・アイスクリームなどたくさんの甘い喜び《レシピ》が収録されました。サリエーリの生まれるおよそ20年前のことです。レシピの一例を挙げると、「用意した大きな桶に麦わらを敷き、氷と塩を入れる。プレーン、加糖、果物入りなどお好みのクリームを入れた錫製の容器をその中に入れて、氷と塩で容器をつつみ、容器の上に氷を置いて、日光や明かりの入らない地下室で凍らせる。4時間経つと凍ったクリームのできあがり」とあります。

18世紀の中頃になると、アイスクリームはイギリスからヨーロッパ全土に広がり、コーヒーハウスや屋台で売られるようになりました。そして、ウィーンのグラーベン通りにあるキオスクでも、アイスクリームは販売されるようになったのです。

思い出のアイスクリームはレモン仕立て

サリエーリとシューベルトの思い出のアイスクリームのレシピを求めて19世紀ウィーンの料理書を探したところ、1827年に刊行された『最新・総合ウィーン料理大全』にアイスクリームのレシピが収録されていましたので紹介します。

フルーツの果汁に砂糖を必要なだけ混ぜ、クリームを加え（クリームは中くらいの濃さでなければならない）、冷凍箱で冷やす。

シンプルなレシピですね。1820年代はまだ冷凍庫は存在せず、冷凍箱という錫でできた金属容器を使って、アイスなどの食材を冷やしていました。およそ100年前のメアリ・イールズ夫人の時代のイギリスと同様ですね。

今回、レモネードのキオスクでアイスクリームを買ったのですから、フルーツの果汁はレモンでいきましょう。レモン果汁、砂糖、そしクリームの濃さは中くらいという指定があるので、脂肪分35％程度の生クリームを混ぜ合わせていきます。

そして、冷凍箱よりも大きな容器を用意し、氷と水、そして塩を加えて温度を下げ、冷凍箱に混ぜ合わせたアイスクリームを入れて、冷やしていきます。このような実験する時間がなければ、現代技術の結晶である冷凍庫で冷やして、味わいましょう。

感謝の気持ちを作品に込めて

古代メソポタミアから連なる氷菓の歴史を、サリエーリとシューベルトの甘美なアイスクリームの思い出とともにお届けしました。音楽の趣味の違いから、師匠の思惑と異なる新たな音楽家への道のりを進んだとしても、サリエーリとシューベルトの師弟関係は揺るぎないものがありました。次章では、シューベルトのサリエーリへの感謝の気持ちを込めたカンタータが演奏された祝賀コンサートの様子と、19世紀ウィーンのポピュラーなお菓子を紹介します。

第10章

～1816年～

サリエーリ
ウィーン生活50年祝い

会議の終わりに
お菓子を添えて

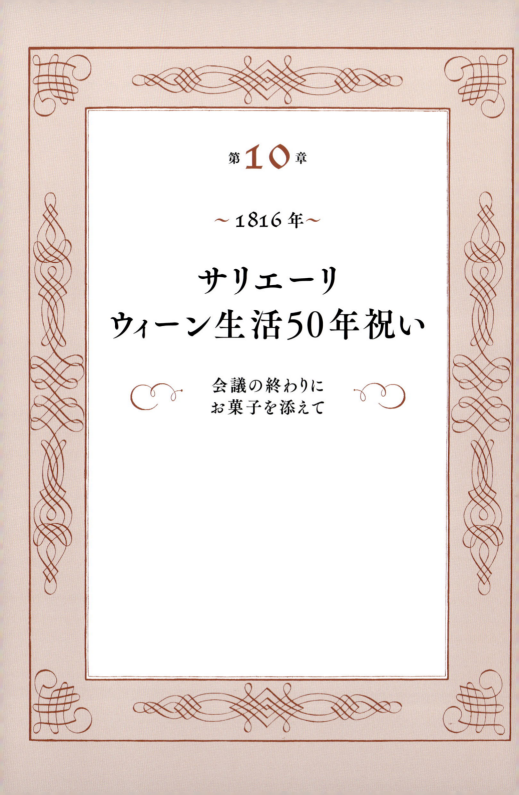

祝典カンタータ《サリエーリ氏の50年祝賀に寄せて》

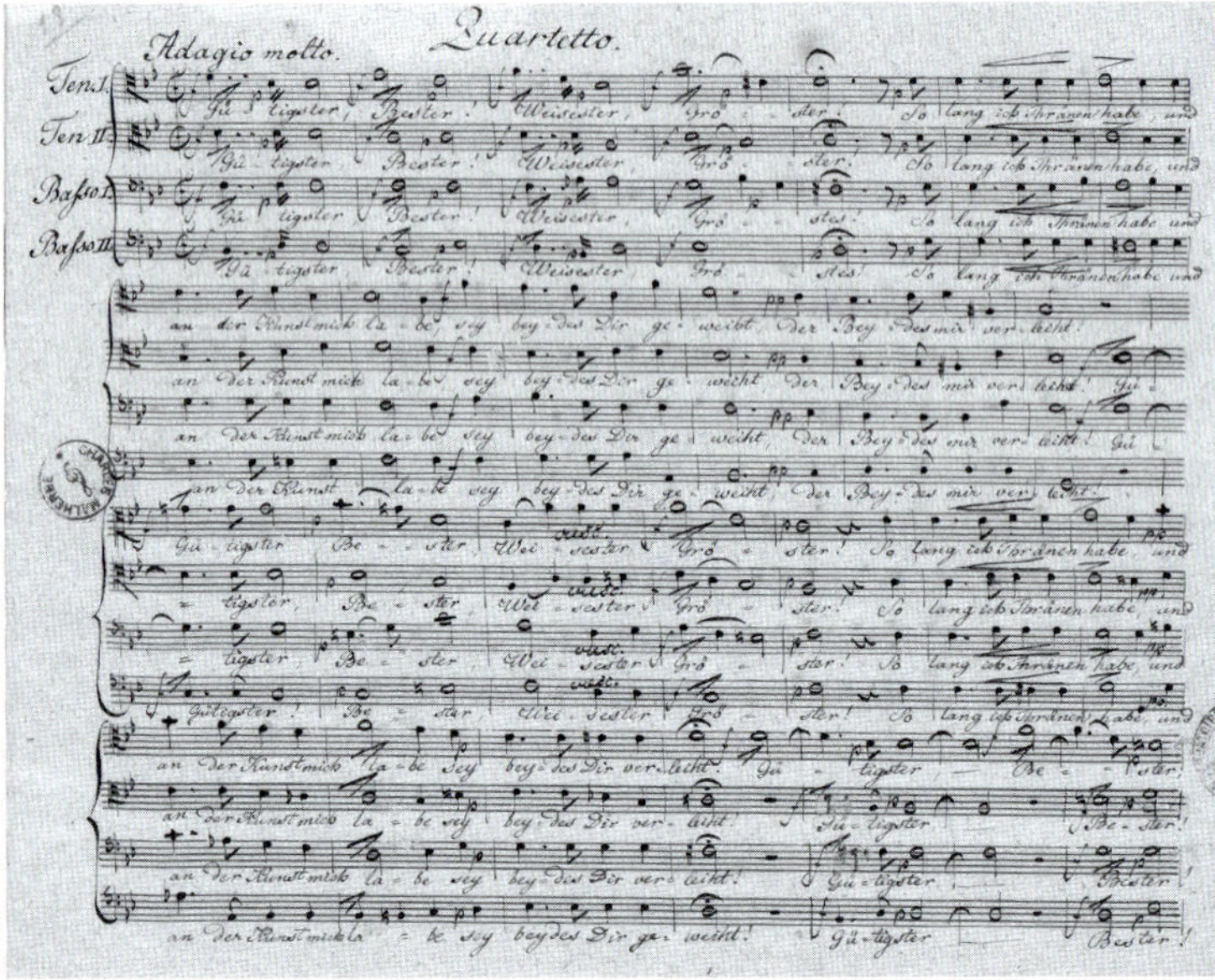

（フランス国立図書館）

シューベルトの自筆譜

やさしい人よ、よい人よ！
賢い人よ、偉大な人よ！
私に涙のあるかぎり、
そして芸術に浴みするかぎり、
あなたに２つとも捧げよう、
あなたは２つをこの私に恵んでくれたその人だから。
善意と知恵があなたから、
噴水のように奔る、
あなたは優しい神の荷姿！
地に降りたった天使のような、
あなたの御恩は忘れません。
私たちすべての偉大な父よ、
どうかいつまでもお元気で！　（實吉晴夫訳）

1789年のフランス革命勃発からナポレオン戦争まで続いた大混乱は、1814～15年のウィーン会議によって、ようやく終結します。ヨーロッパは長く続いた政治的混乱から、秩序回復へと進むことになりました。そして翌1816年は、サリエーリにとって大きな節目の年となりました。というのも、ウィーンでの生活が50年を迎えたのです。本章では、このウィーン会議前後のサリエーリの活動を見ていきます。

サリエーリは1788年以来、宮廷楽長の職務に励んでいました。その職務とは、帝室宮廷管弦楽団と宮廷礼拝堂合唱団の訓練に加え、備品のチェック、演奏水準の向上に不可欠な人員と楽器の補充請願に至るまで、非常に地味な管理職としての仕事でした。また、1814年4月3、4日に「音楽家協会」の主催で行なわれた慈善演奏会では、ハイドン作曲《天地創造》を指揮しています。

1814年9月1日より、ヨーロッパの秩序再建と領土分割を目的とした**ウィーン会議**が始まりました。戦争参加国の代表が列席した会議は具体的な議論が遅々として進まず、「会議は踊る、されど進まず」と揶揄されるようになります。

1815年6月9日にウィーン議定書が締結されるまでのおよそ9か月もの間、会議列席者の接待という名のもとに、数多くの演奏会や舞踏会が開催されました。もちろん宮廷楽長サリエーリには数多くの仕事が割り当てられました。ナポレオンに対する勝利を祝してベートーヴェンがウィーン会議のために1814年に作曲したカンタータ《栄光の時》（作品136）

の公式行事での指揮もサリエーリが務めています。

1815年には、ウィーン会議関連の祭典の音楽監督を務めた他、1月21日にシュテファン大聖堂で行なわれたフランス国王ルイ16世の命日を記念する式典で合唱指揮を務めています。ちなみにこの時に列席した人物の中にフランスの外務大臣としてウィーン会議に参加していたシャルル＝モーリス・ド・タレーラン＝ペリゴールがいました。タレーランはこの式典の音楽に感動し、「ジギスムント・ノイコムの作曲した《レクイエム》が作曲者自身の指揮により、宮廷楽長サリエーリの作品とともに演奏されました」という文面の書簡をルイ18世に送り、またサリエーリを含めた3名の芸術家に「レジョン・ドヌール勲章の授与を嘆願」し、同月の31日にフランス王室はサリエーリへの**レジョン・ドヌール・シュヴァリエ章**（名誉軍団国家勲章勲爵士）の授与を決めています。

さらに同年の3月19、20日に音楽家協会の慈善演奏会でハイドンのオラトリオ《四季》を指揮、4月には第8章でも触れた《声楽の冗談音楽集》の楽譜出版、そして12月に《スペインのラ・フォリアの主題による変奏曲》を作曲するなど、多忙な中でも現役作曲家としての矜持を示しています。

ウィーン活動50年記念イヤー

50年前の1766年6月16日に、サリエーリはウィーンの地に降りたちました。それからちょうど50年経った1816年6月16日、メモリアルデイとなったこの日に、サリエーリのウィーン生活50周年が祝われました。まず、ミノリテン教会での記念ミサから始まり、その後「黄金の市民功労メダル」がサリエーリに授与されます。続いて宮廷礼拝堂でサリエーリの指揮する宮廷楽団の演奏が行なわれました。

そして、その晩にサリエーリの私邸で行なわれた弟子たち企画の祝賀コンサートは、一層の盛り上がりを見せることとなりました。このコンサートに格別の想いで参加したのはシューベルトでした。冒頭に紹介した祝典カンタータは、シューベルトの作詞・作曲という力作です。シューベルトはこれを自ら演奏し、尊敬する先生をお祝いしたのでした。

シューベルトの日記より

シューベルトはこの日の出来事を日記に記しています。

芸術家にとって、自分の弟子たちがすべて集まって、それぞれがこの記念すべき日におのれの最高の作品を提供しようと努力しているのを眺めることはなんと美しく、なんと心を晴れやかにする出来事だろう

(訳:實吉晴夫)

シューベルトならびに他のサリエーリの弟子たちの心を震わせる演奏会であったことが想像

できます。シューベルトの日記にはさらに、サリエーリ自作のオラトリオ《冥府のイエス》が恩師グルック風に作られていたことが書かれています。

さて、残念ながらこの時に出されたごちそうなどの記録は遺されていません。ただ、この時代のウィーンを代表するお菓子は料理書などに載っていますので、このメモリアルイヤーのお祝いにサリエーリも食べたに違いないと妄想することにしましょう。

ザッハトルテ？　ザッハじゃないトルテ？

ウィーン会議で食べられていたお菓子の逸話として度々、話のタネに上ってくるのが**ザッハトルテ**です。ザッハとはレシピの考案者であるフランツ・ザッハーの名前からとられています。トルテは円形のデコレーションケーキのこと。原義はラテン語の丸い皿状の菓子、トールタ(torta)に由来します。

ザッハトルテの通説は複数あり、ひとつは1814～15年のウィーン会議の時に、会議がスムーズに進むように願いを込めて作った説、もうひとつが1832年、オーストリア帝国宰相クレメンス・フォン・メッテルニヒの料理人として仕えていたザッハーがある日メッテルニヒから「私と貴族の客人のために特別な菓子を作れ」という要望から作った説です。

結論から言えば、実はどちらも作り話です。そもそもフランツ・ザッハーが生まれたのは1816年12月。サリエーリのメモリアルディからおよそ半年後です。時空を超えない限りどうやってもウィーン会議での提供は不可能です。

続いて1832年説ですが、これはフランツ・ザッハーの息子であるエドゥアルト・ザッハーが手紙の一節にその旨を記しています。フランツ・ザッハーがメッテルニヒもしくはメッテルニヒの部下の料理人であったことは事実のようです。ただ、1832年と言うとザッハーはまだ15～16歳の若者で、料理人としてはまだまだ駆け出しの修行の真っ最中でした。もしかしたら、メッテルニヒが冒険的で挑戦的な性格だったとしても、外交のプロが若いザッハーを指名して、単独でお菓子を作らせるというのは少々考えづらいです。

1906年12月10日付の『日刊新ウィーン新聞』にザッハー本人が自身の人生を回想したインタビュー記事が載っています。それによると、ザッハーがメッテルニヒの館を辞してフランス人シェフ、アンペール氏の下に移って働き始めた後、実業家のグラフェネク伯爵の目に留まり、プレスブルク（現スロバキア共和国の首都ブラティスラヴァ）にあるカジノの厨房で料理をふるまう機会をえました。このチャンスを掴み、プレスブルクのカジノのレストランの料理を担当するいっぽうで、プレスブルクの街一帯で出張料理サービスも始めました。出張料理のアイテムに日持ちするお菓子としてチョコレートトルテを創作したと語っています。

そして、1848年にウィーンに戻ってヴァイブルクガッセでデリカテッセンの店を始めます。その中の一商品にチョコレートトルテとして「ザッハトルテ」を販売したのがその名前の始まりです。

月日が流れ、1876年に先に登場した息子のエドゥアルト・ザッハーがホテル・ザッハーを創設しました。ホテルの経営を軌道に乗せるため、目玉商品をと考えていたエドゥアルトは父のチョコレート菓子であるザッハトルテに白羽の矢を立て、ブランド化を図ります。つまり、ザッハトルテの誕生ストーリーを組み立てることにしたのです。

父フランツ・ザッハーが1832年にメッテルニヒの館で料理人をしていたことは事実なので、この時にザッハトルテを「発明」したことにしよう。そして、メッテルニヒの肝いりでこの発明は行なわれたのだと。こうして、フランツ・ザッハーのザッハトルテはエドゥアルトの思惑通り、メッテルニヒが愛したチョコレートケーキという尾ひれが付け加えられて世界中に広まっていきました。

ここまで読んでいただけると、おわかりでしょう。1814〜15年ウィーン会議説は、オーストリア外相として中心的役割を果たし、ヨーロッパ国際秩序の創出を図ったメッテルニヒのお菓子という触れ込みで出てきた尾ひれ部分が目立ったものであり、1832年説はホテル・ザッハー側の、言うなれば「大本営発表」から出てきたものであることを。

50周年に味わう「ザッハじゃないトルテ」

さて、ここまで読んでいくとこんな疑問にぶつかったりするかもしれません。フランツ・ザッハーはザッハトルテを本当に発明したのでしょうか。

そもそもザッハトルテと命名されたトルテは基本的に次の工程を経るものでした。

・チョコレートのスポンジケーキを2段（2枚）に分けて焼く
・アプリコットジャムを挟む
・チョコでコーティングする

実は1827年に刊行された『最新・総合ウィーン料理大全』にはチョコレートトルテのレシピが載っています。

そこにはホテル・ザッハーの作り方のように、2枚に分けて焼く、コンフィチュールを挟む、チョコレートでコーティングするとあります。コンフィチュールは砂糖で果汁を浸出させ、果汁だけを煮詰めた後に果肉を漬けるもので、フルーツの形状がかなり残されています。ジャムは、果実、野菜、花弁に砂糖などを加えてゼリー化するまで加熱したものなので、コンフィチュールはジャムよりも形状が残されたものと考えるのがよいでしょう。また、チョコレートのコーティングはチョコと砂糖を2対1で混ぜて、鍋であたためながら溶かすものです。

なお1820年代の料理書に基本形がしっかりレシピとして残っているということは、当時このようなチョコレートトルテはウィーンですでにポピュラーでありふれたお菓子だったということです。

そこにフランツ・ザッハーとエドゥアルト・ザッハー親子が、自身のブランドに箔をつけるためにそのお菓子の歴史を「発明」したことでこのトルテはブレイクを果たしました。本書では、歴史をクリエイトしたザッハーの手垢がつく以前の「じゃないトルテ」として登場してもらい、サリエーリならびにウィーン市民が普遍的に味わったお菓子として紹介します〔→巻頭レシピ35頁〕。

シュプリッツクラプフェン

ドイツ・オーストリア圏発祥のお菓子として有名なものはいくつかありますが、謝肉祭の時期を祝うお菓子として有名な**クラプフェン**を紹介します。

ドイツ語圏のこの地域では中世より「バターで揚げたもの」を意味するシュマルツゲベッケンと呼ばれる伝統的なお菓子があります。これらは生地を小さく切ったり、ねじったり、はたまた弓形にしたりして揚げています。同様の意味を持つ単語にクラプフェンがあり、1485年にニュルンベルクで刊行されたルネサンス期ドイツの料理書である『台所の専門技能（Küchenmeisteri)』にたくさんのレシピが掲載されています。

クラプフェンと一口に言ってもその実質は揚げパンだったり、ドーナツの一種だったりとさまざまですが、先に挙げたシュマルツゲベッケン同様、生地をさまざまな形状に成形して揚げるということを主眼としています。どういう形状であれ、ボウルに材料を加えてかき混ぜて生地にし、最終的に揚げた菓子であれば広義のクラプフェンと見なしているのでしょう。『台所の専門技能』では、ハチミツ、ワイン、小麦粉、卵黄を混ぜて生地を形成しています。

それからおよそ１００年後の１５８１年に刊行された、マインツの料理人マルクス・ランポルトによる『新しい料理書（Ein new Kochbuch）』にもクラプフェンのレシピは掲載されています。やはり形状は円盤形やパイ皮切りでカットしたものなどさまざまです。

先ほど、謝肉祭の時期を祝うお菓子と書きましたが、難聴のベートーヴェンが筆談に使用した「会話帳」にも、謝肉祭の季節にクラプフェンの話題が出てきます。１８２５年12月にベートーヴェンの甥カールが「クラプフェン。もう謝肉祭ですね」とベートーヴェンに向けて記しています。

本章で紹介するのは、数あるクラプフェンの中でも特に、作り手が自由に複雑な形状を作り上げることができる**シュプリッツクラプフェン**です［↓巻頭レシピ37頁］。シュプリッツには「射出する、絞り出す、すばやく噴出する、吹きかける」などの意味があり、ここでは「絞り出すクラプフェン」という意味になります。牛乳とバターと塩を鍋に入れて温め、小麦粉、卵、ラム酒、粉砂糖を加えてよく混ぜます。混ぜたタネをデコレーション用絞り出し袋と口金から絞り出していきます。クラプフェンは揚げ菓子ですから、サラダ油で揚げましょう。

細長い棒状に揚げるとスペインのチュロスを想起させるシュプリッツクラプフェン。最後の仕上げにシナモンと粉砂糖を全体にまぶして完成です。

ドーナツのようにリング型に作るものが多いですが、サリエーリの頭文字であるＳの文字やト音記号に絞り出して、遊び心を加えてみたいところです。

人生は続く

サリエーリの人生を映画にしたならば、この1816年6月16日の「黄金の市民功労メダル」授与とその晩の弟子たち企画の祝賀コンサートで幕を閉じるのが、いちばんきれいに終わるものになるかもしれません。

しかし、人生は続くのです。サリエーリは当時の平均年齢に比べると長寿でした。若く元気のいい弟子たちが活動し、妻には先立たれ、同居している娘たちからは煙たがられと、何だか現代にも通じる老年期の終わりを迎えることになります。

そんな、老年期のサリエーリへ、ウィーンの社会状況が「毒」をふりまこうとしていました。本編はここで終わりますが、アンコールにボーナストラックとしてサリエーリの晩年と、死後もなお降りかかる災厄と、それにまつわるお菓子を紹介することにします。

ボーナストラック

〜1984年〜

虚構の食卓

あるいは
並行世界の宮廷生活
「アマデウス」の色彩

これが私の最後の病になるだろう。私は名誉にかけて、あの馬鹿げた噂に一つとして真実がないと断言できる。私がモーツァルトに毒を盛ったという話をあなたも聞き知っているだろう。だが、それは事実じゃない

（『モシェレス伝』第1巻、サリエーリがモシェレスに語ったとされる言葉）

サリエーリの最晩年はモーツァルト毒殺疑惑で埋め尽くされた中で生きていました。それまで、周囲の尊敬を集め、数多くの音楽家に教えを授け、ウィーン宮廷で宮廷楽長としてその存在を知らしめていた人物とは思えないほどの人生の下り坂を味わうこととなります。サリエーリ最後のおよそ5年と5か月に起きた出来事は以下の通りです。

1820年（69〜70歳）

夏頃から体調が悪化。不眠、痛風、眼の炎症に苦しむ。

1821年（70〜71歳）

3月　死を意識し、遺書を作成。自分の死後に演奏される《レクイエム》の楽譜をハウクヴィッツ伯爵に託す。

4月　眼の病に苦しみ、外出を控える。

4月15、16日　音楽家協会50周年記念の慈善演奏会。サリエーリは指揮をせず、稽古

夏　と公演に列席。

11月　眼の炎症が悪化。読み書きに支障をきたす。ディートリヒシュタイン伯爵宛の手紙で、バルバーイア氏から音楽監督へのオファーの噂を否定。健康第一が本意。

1822年（71～72歳）

3月　ロッシーニ、ウィーン訪問。7月までの4ヵ月の間、サリエーリもロッシーニと交流を進める。モーツァルト毒殺の噂が世間に広がり始める。

春以降　不眠がぶり返し、病に苦しむも自分の状態を前向きに受け止める。

7月　当時10歳のフランツ・リストの演奏を聴き、自分の弟子とする。同月半ばから週3回、歌唱法、通奏低音、総譜読解等のレッスンを開始。

1823年（72～73歳）

1月　体調がよくなり3時間散歩。疲れを知らぬほど元気がみなぎる。

春　肉体の衰えが目に見えるように明らかとなり、転んで頭を打ち、自宅療養を余儀なくされる。

8月　バーデン・バイ・ウィーン（ウィーン近郊のバーデン、ウィーンの南約25キロに位置する）まで温泉湯治に赴くが健康回復には至らず。

10月初旬　両足が麻痺するなど病が悪化し、娘たちの強い希望でウィーン総合病院に入院。

10月8日　遺言状の書き換えを実施。

10月半ば　見舞いに来たモシェレスにモーツァルト毒殺容疑を否定（冒頭の『モシェレス伝』）。本人の遺言として世間へ伝えてほしい旨を懇願。

この頃、ベートーヴェンの「会話帳」にもモーツァルト毒殺疑惑の話題が上がる。

1824年（73〜74歳）

6月6日　ウィーン帝室宮廷楽長《カペルマイスター》を解職され、年金支給が決まる。

この年、サリエーリのモーツァルト毒殺疑惑の報道とそれを否定する弁明が新聞等のメディアに掲載される。

1825年（74歳4ヵ月〜8ヵ月）

5月7日午後8時　老衰で息を引き取る。享年74歳。

6月22日午前11時　ミノリテン教会でサリエーリの《レクイエム》が演奏される。

これまでの実績を打ち消してあまりある状況に、サリエーリも死んでも死にきれない心地でしょう。しかも、死後もこの真実とはかけ離れた噂話が本当の出来事のように語られていくのでした。

死後に広まる虚構

生前は宮廷楽長《カペルマイスター》として、ウィーンの音楽界を牽引し、多くの人々から愛されたアントニオ・サリエーリもやがて、その作品とともに人物像も忘れられていきました。しかし、事実と虚構をない交ぜにした思いもよらない形でサリエーリは脚光を浴びることとなります。

1830年10月26日、ロシアの作家プーシキンが劇詩『モーツァルトとサリエーリ』を書きあげ、翌1831年に発表しました。プーシキンは1826年頃にサリエーリのモーツァルト毒殺説を真実と捉えて、構想を膨らませたもので、短い1幕2場の小劇ながら「サリエーリによるモーツァルト毒殺」というテーマで書かれた最初の作品です。登場人物はモーツァルトとサリエーリのみで、事実と異なる虚構の作品であることは、一目瞭然です。史実のサリエーリとは似ても似つかない、音楽の才能に嫉妬した羨望者かつ暗殺者して登場しています。「サリエリ」は、ロシアの地で産み落とされたのです。

この作品をオペラに仕立て上げたのが、ロシアの作曲家で「ロシア五人組」のひとりであるニコライ・リムスキー＝コルサコフです。このオペラ《モーツァルトとサリエーリ》は1897年に作曲され、翌1898年に上演されました。

そして、この「サリエーリによるモーツァルト毒殺」というテーマの萌芽はさらに1世紀近く経って、新たな形で世に登場することとなりました。ご存知の映画『アマデウス』です。

1979年、英国の劇作家ピーター・シェファーの戯曲『アマデウス』が舞台で初演されます。

本作では、テーマであるサリエーリのモーツァルト毒殺疑惑だけでなく、2人の宮廷での関係性に脚色が施されています。そして、この戯曲が1984年に映画化され、アカデミー賞を総なめにしたことによって、サリエーリへの偏見と誤謬はさらに増幅されてしまいました。

モーツァルトの表面的な生涯をたどる伝記映画を作るつもりではないということ。言うなれば事実に即したファンタジー。我々は既存の事実と同様に、新しいいくつかの〝事実〟をドラマに取り込んだ。

（映画『アマデウス』プログラムより）

事実に魅惑的な嘘《フィクション》を入れ込むとそれは説得力をもたらし、リアリティに富んだ物語を作り上げます。物語の面から言えば、映画『アマデウス』の煌びやかで生き生きとした人物たちの描写には舌を巻きます。サリエーリは死後、歴史上からその存在をほどんど抹消されますが、いくつもの物語によって本来の人物像と史実からかけ離れた悪名高い人物として甦ります。プーシキンの劇詩から映画『アマデウス』に至るまで、サリエーリへの偏見と誤謬は最大限に増幅されてしまいましたが、それでも彼は飲み込まれた歴史の中から再度姿を現したのです。しかし史実と物語は別物。それを肝に銘じながら、淡々とそれらの嘘を地道に否定していくほかありません。

レニャーゴ生まれのウィーン宮廷お菓子

それでは、お待たせいたしました。サリエーリが実際食べた料理、作品に登場するオペラ飯《メシ》に引き続き、映画飯《メシ》を見ていくことにしましょう。

映画『アマデウス』で目を引くシーンのひとつに、ウィーン宮廷を舞台にした食の数々が挙げられるのではないでしょうか。冒頭では、好物の甘いものを届けにやってきた召使いたちがその甘いものをつまみ食いします。はしたないと思いながらも、美味しそうだと思わずにはいられません。

そんな『アマデウス』の中で、一番インパクトのあるお菓子は「ヴィーナスの乳首」でしょう。イタリア語でカペッツォリ・ディ・ヴェーネレ（Capezzoli di Venere）となります。モーツァルトの妻コンスタンツェがサリエーリのサロンを訪問し、サリエーリに夫モーツァルトがヨーゼフ2世の姪の公女エリーザベトの音楽の家庭教師となれるようにお願いしたシーンで、このお菓子は登場します。

このお菓子は名前からもわかる通り、イタリア生まれで、サリエーリの生まれ故郷レニャーゴ発祥のヴェネトのお菓子といわれています。この伝統菓子は豪華なパーティや誕生日、結婚式など、人生の節目節目で食べられていたようです。栗を煮て作るこのお菓子は、小ぶりなサイズであればあるほど良いとされました。

サリエーリがモーツァルトの妻コンスタンツェに出したカペッツォリ・ディ・ヴェーネレで

はマジパンが使われていますが、ここはマロングラッセを使います。映画飯《メシ》のこだわりとして、乳首部分は映画でも使用されるサルタナレーズンを使って再現してみました［↓巻頭レシピ39頁］。

本映画は、幾重にも嘘を埋め込んで作り上げている原作者ピーター・シェファーと映画監督ミロス・フォアマンの快作ですが、美味しそうな料理やお菓子によって、虚構の世界にリアリティが付与されたことも、成功要因のひとつではないでしょうか。

史実でもオペラ作品でも映画でも、それを魅力的に見せる共通点は「美味しいこと」です。美味しいお菓子を堪能しながら、サリエーリの本来ありえなかった姿を映画で追いかけて、目くるめくウィーン宮廷の世界を味わうのもよいでしょう。

おわりに

『宮廷楽長《カペルマイスター》サリエーリのお菓子な食卓　時空を超えて味わうオペラ飯《メシ》』いかがだったでしょうか。

本書は、音楽と料理を通じて時代旅行と世界旅行を疑似体験するプロジェクトを行なっている「音食紀行」の第3作目にして、初の「音楽家と歴史料理」をテーマに取り上げた本です。本書では、アントニオ・サリエーリが関係者に語っている数少ない食のエピソードと、サリエーリとその関連人物が作り上げたオペラに出てくるお菓子や料理の数々を紹介しました。

そもそも、わたくしが本書を作ろうと思ったきっかけは、昨年２０１８年8月16日にナクソスジャパン様で開催されたYouTube LIVEでのトークライブ「いまだから語る！　音楽家アントニオ・サリエリ」への参加でした。サリエーリのエピソードは痛快で読みごたえがあり、また、サリエーリに呼応するかのような18世紀のヨーロッパの食の変革期に表れる料理の数々を語りつくしたい！　と思うようになりました。

それからの1年は、寝ても覚めてもサリエーリでした。彼の時代の料理や食文化について考え、実際に、五感（資料を読み、彼らの音楽を聴き、実際の料理に触れ、その匂いを堪能しながら味わう）をフルに使って、彼の人生を追体験するかのような日々でした。実際、史実のサリエーリにまつわるお祭りのようなイベントを企画実行し、企画者として、サリエーリの復権ムーブメントを体感できました。

サリエーリを真ん中に据えて食文化を見渡したので、パンも水も砂糖もチョコレートもケーキも、すべて彼に集約されていく構成となりました。この機会に改めて、それぞれの食文化を調べたのですが、どの食材の変遷もそれぞれ興味深く、ページの都合上、一部をお見せしたに過ぎませんが、サリエーリが甘いものが大好きだということも当然の帰結だなと思いながら、紹介しています。

また、サリエーリに関連して、モーツァルト、マリー・アントワネット、ロレンツォ・ダ・ポンテ、ベートーヴェン、シューベルトを登場させて、それぞれの人物とサリエーリの食のエピソードやオペラ飯を取り上げました。つまり人物と作品の二方向から18～19世紀、ひいては古代や中世までの歴史的な料理に迫っていくアプローチを取っています。

今回、オペラに出てくる料理のシーンを、強く意識するきっかけとなったのは、第2章に出てくるサリエーリの大失態エピソードでした。オペラ本番中に、作り物のパステーテとカパウンを近くで見るために舞台に留まってしまうサリエーリ。

現在のオペラでこんなことが起こったら、すぐにインターネット上でそのことに言及され、ＳＮＳなどで拡散。「大炎上」したことは、たとえ3日で忘れられても当人にとっては、トラウマ級の出来事となるでしょう。

サリエーリはどうしてこんなことをしたんだろうか、と考え続け、食の観点からオペラにアプローチしてみたことが、世にも珍しいオペラ飯の世界を紹介することのきっかけでした。「事件」を起こしてしまった若き日のサリエーリと、そのエピソードを紹介してくれた伝記作家モーゼルに感謝したい次第です。

本書には、サリエーリが宮廷楽長《カペルマイスター》として皇帝、王妃をはじめ好敵手にも台本作家にも、また、先輩作曲家たちにも弟子たちにも愛され尊敬されているエピソードが目白押しです。サリエーリがモーツァルト毒殺の濡れ衣を着せられて、記憶の片隅に葬り去られた時代もありましたが、時は移ろい、今は21世紀です。モーツァルトもサリエーリもともに愛でる時代の到来です。甘いものを食べながら、サリエーリの音楽に耳を傾ける。それができる時代です。

最後になりましたが、本書は水谷彰良著『サリエーリ　生涯と作品　モーツァルトに消された宮廷楽長』（音楽之友社、２００４年、新版、復刊ドットコム、２０１９年）に多くを負っています。日本で唯一のサリエーリ評伝である水谷氏の著作から窺えるサリエーリの人物像をよりどころとし、そこに食文化の歴史や各オペラ作品の背景、サリエーリを支えた人々や当時の作曲家たちの動向などをまぶしていきました。水谷氏からは、執筆にあたっても多くのご指摘やアイデアをいただきました。『サリエーリ』と水谷氏の存在なくして、本書の完成はありません。本当に感謝申し上げます。

また、本書の執筆にあたり、音楽、言語、歴史、食文化など各方面において、多くの方から知見のご協力をいただきました。巻末に監修者として名前を挙げさせていただきましたが、彼らの助力がなければ、本書が陽の目を見ることはなかったと感じます。

加えて、音食紀行のイベントに参加いただいている皆様の、日本全国からの叱咤激励の声に助けられたこととしきりです。感謝の気持ちでいっぱいです。

今後も、音楽と料理を通じた再現イベント音食紀行を、日本全国で繰り広げてまいります。いつかどこかで、本書をお手に取ってくださった皆さまと、時代旅行でお会いできる日を楽しみにしています。

サリエーリの《ファルスタッフ》を聴きながら

2019年10月　音食紀行　遠藤雅司

参考文献一覧

歴史（古代・中世）

本村 凌二『地中海世界とローマ帝国（興亡の世界史04）』講談社 2017年
アポロドーロス（著），高津 春繁（翻訳）『ギリシア神話』岩波書店 1978年
アイスキュロス（著），高津 春繁（翻訳）『ギリシア悲劇（1）アイスキュロス』筑摩書房 1985年
高津 春繁『ギリシア・ローマ神話辞典』岩波書店 1960年
ヘロドトス（著），松平 千秋（翻訳）『歴史（上）』岩波書店 1971年
山花 京子（監修）『悠久のナイル：ファラオと民の歴史』東海大学出版部 2015年
月本 昭男（翻訳）『ギルガメシュ叙事詩』岩波書店 1996年
ミシェル・カプラン（著），田辺 希久子（翻訳）『黄金のビザンティン帝国：文明の十字路の1100年』創元社 1993年
ジュディス・ヘリン（著），井上 浩一ほか（翻訳）『ビザンツ 驚くべき中世帝国』白水社 2010年

歴史（ヴェネツィア・ウィーン）

Eric R. Dursteler (ed.), *A Companion to Venetian History, 1400-1797 (Brill's Companions to European History, vol. 4)*, Leiden, 2014.
Joanne M. Ferraro , *Venice: History of the Floating City*, Cambridge, 2012.
中平 希『ヴェネツィアの歴史：海と陸の共和国 』創元社 2018年
陣内 秀信『ヴェネツィア：水上の迷宮都市』（講談社現代新書1111）講談社 1992年
永井 三明『ヴェネツィアの歴史：共和国の残照』（刀水歴史全書60）刀水書房 2004年
倉田 稔『ハプスブルク歴史物語』（NHKブックス702）日本放送出版協会 2004年
南塚 信吾（編）『ドナウ・ヨーロッパ史（新版 世界各国史19）』山川出版社 1999年
饗庭 孝男ほか『ウィーン：多民族文化のフーガ』大修館書店 2010年
丹後 杏一 『ハプスブルク帝国の近代化とヨーゼフ主義』多賀出版 1997年
山之内 克子『物語 オーストリアの歴史：中欧「いにしえの大国」の千年』（中公新書2546）中央公論新社 2019年

音楽史・音楽文化

山田 健（編集），海老沢 敏他（監修）『アマデウス：モーツァルトとサリエーリ』サントリー 1987年
水谷 彰良『新 イタリア・オペラ史』音楽之友社 2015年
加藤 浩子『オペラでわかるヨーロッパ史』平凡社 2015年
伊東 辰彦『天才音楽家たちの友情記念帳』講談社 2002年
オットー・ビーバ、イングリード・フックス（著），小宮 正安（翻訳）『ウィーン楽友協会 二〇〇年の輝き』集英社 2013年
カミロ・シェーファー（著），早崎 えりな・西谷 頼子（翻訳）『ハプスブルクの音楽家たち』音楽之友社 1998年

オペラ・舞台・映画

Bruce Alan Brown & John A. Rice, "Salieri's Così fan tutte", *Cambridge Opera Journal*, 8-1, pp. 17-43, Cambridge, 1996.

小瀬村 幸子（翻訳）『オペラ対訳ライブラリー: モーツァルト コシ・ファン・トゥッテ 改訂新版』音楽之友社 2018年

佐藤 慶治「サリエーリのオペラ《タラール》から《オルムスの王アクスール》への改変に関する考察」『熊本大学社会文化研究（11）』93-101頁 熊本大学大学院社会文化科学研究科 2013年

Carlo Goldoni, *La notte critica : dramma giocoso per musica*, http://www.librettidopera.it/zps_gol/Z_pdf/065%20Notte%20critica.pdf

Giovanni Antonio Gastone Boccherini, *La fiera di Venezia: commedia per music*, https://www.loc.gov/item/2010663997/

アレクサンドル・セルゲーエヴィチ・プーシキン（著），郡 伸哉（翻訳）『青銅の騎士』群像社 2002年

ダルゴムィシスキー:『石の客』全曲、リムスキー＝コルサコフ:『モーツァルトとサリエリ』全曲（DVD），Vai 2010.

ピーター・シェファー（著），江守 徹（翻訳）『アマデウス』劇書房 2002年

ミロス・フォアマン（監督）アマデウス ディレクターズカット（Blu-ray），ワーナー・ホーム・ビデオ 2010年

人物

水谷 彰良『サリエーリ 生涯と作品: モーツァルトに消された宮廷楽長 新版』復刊ドットコム 2019年

Ignaz Franz Edler von Mosel, *Über das Leben und die Werke des Anton Salieri*, Wien, 1827.

Ignaz Franz Edler von Mosel, *Über das Leben und die Werke des Anton Salieri: Bearbeitet und Kommentiert von Rudolph Angermüller*, Bad Honnef, 1999.

Alexander Wheelock Thayer, *Salieri: Rival of Mozart*, Kansas City, 1989.

Charlotte Moscheles, *Aus Moscheles' Leben: nach Briefen und Tagebüchern, vol.1*, Duncker & Humblot, 1872

Timo Jouko Herrmann , *Antonio Salieri: Eine Biografie*, Heidelberg, 2019.

シュテファン・ツヴァイク（著），中野 京子（翻訳）『マリー・アントワネット』（全2巻）KADOKAWA 2016年

P・クリストフ（編集），藤川 芳朗（翻訳）『マリー・アントワネットとマリア・テレジア秘密の往復書簡』岩波書店 2002年

ピエール＝イヴ・ボルペール（著），ダコスタ 吉村 花子（翻訳）『マリー・アントワネットは何を食べていたのか』原書房 2019年

エレーヌ・ドラレクス、ニコラ・ミロヴァノヴィチ、アレクサンドル・マラル（著），岩澤 雅利（翻訳）『マリー・アントワネット: 華麗な遺産がかたる王妃の生涯』原書房 2015年

Menon, *La science du maître d'hôtel confiseur, à l'usage des officiers , avec des observations sur la connaissance et les propriétés des fruits*, Paris, 1750.

海老沢 敏、高橋 英郎（編訳）『モーツァルト書簡全集 I ～VI』白水社 1976-2001年

関田 淳子『モーツァルトの食卓』（朝日選書873）朝日新聞出版 2010年

ニール・ザスロー、ウィリアム・カウデリー（編），森 泰彦（監訳），井手 紀久子ほか（翻訳）『モーツァルト全作品事典』音楽之友社 2006年

柴田 治三郎（編訳）『モーツァルトの手紙: その生涯のロマン』（全2巻）岩波書店 1980年

高橋 英郎『モーツァルト』（講談社現代新書710）講談社 1983年

C・ヴォルフ（著），礒山 雅（翻訳）『モーツァルト最後の四年: 栄光への門出』春秋社 2015年

西本 晃二『モーツァルトはオペラ: 歌芝居としての魅力をさぐる』音楽之友社 2006年

H・C・ロビンズ・ランドン（著），海老沢 敏（翻訳）『モーツァルト最後の年』中央公論新社 2001年
Lorenzo Da Ponte, *Memorie di Lorenzo Da Ponte da Ceneda scritte da esso*, New York, 1823-1827.
田之倉 稔『モーツァルトの台本作者: ロレンツォ・ダ・ポンテの生涯 』平凡社 2010年
リヒャルト・ブレッチャッハー（著），小岡 礼子・小岡 明裕（翻訳）『モーツァルトとダ・ポンテ: ある出会いの記録 』アルファベータ 2006年
大崎 滋生『ベートーヴェン像再構築』春秋社 2018年
山根 銀二『孤独の対話: ベートーヴェンの会話帖』岩波書店 1968年
小松 雄一郎（編訳）『新編 ベートーヴェンの手紙』（全2巻）岩波書店 1982年
Martella Gutiérrez-Denhoff, *"Die gute Kocherey": Aus Beethovens Speiseplänen*, Bonn, 1988.
Karl-Heinz Köhler (ed.), *Ludwig van Beethovens Konversationshefte*, Leipzig,1981.
ウィリアム・シェイクスピア（著），松岡 和子（翻訳）『ウィンザーの陽気な女房たち: シェイクスピア全集（9）』筑摩書房 2001年
河合 祥一郎『あらすじで読むシェイクスピア全作品』祥伝社 2013年
結城 雅秀『シェイクスピアの生涯』勉誠出版 2009年
A・D・カズンズ（著），荒木 正純・田口 孝夫（翻訳）『シェイクスピア百科図鑑: 生涯と作品』悠書館 2010年
アリステア・ホーン（著），大久保 庸子（翻訳）『ナポレオン時代: 英雄は何を遺したか』（中公新書2466）中央公論新社 2017年
竹下 節子『ナポレオンと神』青土社 2016年
鶴見 祐輔『ナポレオン』潮出版社 2000年
ジョン・キーガン（著），並木 均（翻訳）『情報と戦争: 古代からナポレオン戦争、南北戦争、二度の世界大戦、現代まで』中央公論新社 2018年
甲斐 慶司『創造と破壊 成長と犠牲: ナポレオンの時代』東洋出版 2010年
阪口 修平『歴史と軍隊: 軍事史の新しい地平』創元社 2010年
オットー・エーリヒ・ドイッチュ（編集），石井 不二雄（翻訳）『シューベルト: 友人たちの回想』白水社 1978年
オットー・エーリヒ・ドイッチュ（編集），実吉 晴夫（翻訳）『シューベルトの手紙: 「ドキュメント・シューベルトの生涯」より』メタモル出版 1997年
Adrian Williams, *Portrait of Liszt: By Himself and His Contemporaries*, Oxford, 1990.

食

ミシェル・ベリデイル－ジョンソン（著），吉村 作治（監訳），遠藤 公美恵（翻訳）『ファラオのレシピ: 古代エジプトの料理ブック』ミュージアム図書 2000年
Magda Mehdawy & Amr Hussein, *The Pharaoh's Kitchen: Recipes from Ancient Egypts Enduring Food Traditions*, Cairo, 2010.
日本西アジア考古学会公開シンポジウム実行委員会（編集）『古代西アジアの食文化: ワインとビールの物語』日本西アジア考古学会 2015年
マドレーヌ・P・コズマン（著），加藤 恭子・平野 加代子（翻訳）『中世の饗宴: ヨーロッパ中世と食の文化』原書房 1989年
コストマリー事務局，繻 鳳花『中世ヨーロッパのレシピ』新紀元社 2018年
小川 了『世界の食文化（11）アフリカ』農山漁村文化協会 2004年
中道 順子『エキゾチックなパン: エジプト、トルコ、イスラエル、チュニジア、中国、インドなどの珍しいパンのかずかず』グラフ社 1998年

マイケル・クロンドル（著）, 木村 高子ほか（翻訳）『スパイス三都物語: ヴェネツィア・リスボン・アムステルダムの興亡の歴史』原書房 2018年
アテナイオス（著）, 柳沼 重剛（翻訳）『食卓の賢人たち』（全5巻）京都大学学術出版会 1997～2004年
南 直人『世界の食文化（18）ドイツ』農山漁村文化協会 2003年
森本 智子『ドイツ菓子図鑑 お菓子の由来と作り方: 伝統からモダンまで、知っておきたいドイツ菓子102選』誠文堂新光社 2018年
安藤 明（監修）『ドイツ菓子大全』柴田書店 2012年
ウィリアム・シットウェル（著）, 栗山 節子（翻訳）『食の歴史: 100のレシピをめぐる人々の物語』柊風舎 2015年
ダン・ジュラフスキー（著）, 小野木 明恵（翻訳）『ペルシア王は「天ぷら」がお好き?: 味と語源でたどる食の人類史』早川書房 2015年
アントニー・ローリー（著）, 富樫 瓔子（翻訳）『美食の歴史』創元社 1996年
Michael Krondl, *Sweet Invention: A History of Dessert*, Chicago, 2011.
岡田 哲『たべもの起源事典 世界編』筑摩書房 2014年
マグロンヌ・トゥーサン＝サマ（著）, 吉田 春美（翻訳）『お菓子の歴史』河出書房新社 2005年
J・L・フランドラン、M・モンタナーリ（著）, 宮原 信・北代 美和子（監訳）『食の歴史』（全3巻）藤原書店 2006年
関田 淳子『ハプスブルク家の食卓』集英社 2002年
A・カパッティ、M・モンタナーリ（著）, 柴野 均（翻訳）『食のイタリア文化史』岩波書店 2011年
池上 俊一『世界の食文化（15）イタリア』農山漁村文化協会 2003年
Dave DeWitt, *Da Vinci's Kitchen: The Birth of Italian Cuisine*, Dallas, 2015.
Lorenza De'Medici, *The Renaissance of Italian Cooking*, London, 1989.
Chiara Scudelotti, *Traditional Venetian Recipes: Cuisine of the Serene Republic (Discovering Venice Series)*, Verona, 2010.
アンドルー・F・スミス（著）, 手嶋 由美子（翻訳）『砂糖の歴史（「食」の図書館）』原書房 2016年
マーク・アロンソン、マリナ・ブドーズ（著）, 花田 知恵（翻訳）『砂糖の社会史』原書房 2017年
トム・スタンデージ（著）, 新井 崇嗣（翻訳）『世界を変えた6つの飲み物: ビール、ワイン、蒸留酒、コーヒー、紅茶、コーラが語るもうひとつの歴史』インターシフト 2007年
マーク・フォーサイズ（著）, 篠儀 直子（翻訳）『酔っぱらいの歴史』青土社 2018年
ジャン・マトリコン（著）, 沖 大幹（監訳）, 遠藤 ゆかり（翻訳）『水の歴史（「知の再発見」双書163）』創元社 2014年
イアン・ミラー（著）, 甲斐 理恵子（翻訳）『水の歴史（「食」の図書館）』原書房 2016年
James Salzman , *Drinking Water: A History*, New York & London, 2017.
ジャン＝ロベール・ピット（著）, 幸田 礼雅（翻訳）『ワインの世界史: 海を渡ったワインの秘密』原書房 2012年
ウィリアム・ルーベル（著）, 堤 理華（翻訳）『パンの歴史（「食」の図書館）』原書房 2013年
舟田 詠子『パンの文化史』（講談社学術文庫2211）講談社 2013年
ケン・アルバーラ（著）, 関根 光宏（翻訳）『パンケーキの歴史物語』原書房 2013年
Fernand Braudel Center, *Review: Fernand Braudel Center for the Study of Economies, Historical Systems, and Civilizations (Vol. 23)*, New York, 2000.
Archivio Veneto, Tomo XXIX, Venezia, 1885.
シルヴァーノ・セルヴェンティ, フランソワーズ・サバン（著）, 飯塚 茂雄・小矢島 聡（監修）, 清水 由貴子（翻訳）『パスタの歴史』原書房 2012年
カンタ・シェルク（著）, 龍 和子（翻訳）『パスタと麺の歴史（「食」の図書館）』原書房 2017年
ソフィー・D・コウ, マイケル・D・コウ（著）, 樋口 幸子（翻訳）『チョコレートの歴史』河出書房新社 1999年

サラ・モス、アレクサンダー・バデノック（著）, 堤 理華（翻訳）『チョコレートの歴史物語（お菓子の図書館）』原書房 2013年
武田 尚子『チョコレートの世界史: 近代ヨーロッパが磨き上げた褐色の宝石』中央公論新社 2010年
ドム・ラムジー（著）, 夏目 大ほか（翻訳）『CHOCOLATE（チョコレート）: チョコレートの歴史、カカオ豆の種類、味わい方とそのレシピ 』東京書籍 2017年
八杉 佳穂 『チョコレートの文化誌』世界思想社 2004年
クラウス・ティーレ＝ドールマン（著）, 平田 達治・友田 和秀（翻訳）『ヨーロッパのカフェ文化』大修館書店 2000年
ジョナサン・モリス（著）, 龍 和子（翻訳）『コーヒーの歴史（「食」の図書館）』原書房 2019年
臼井 隆一郎『コーヒーが廻り世界史が廻る: 近代市民社会の黒い血液』（中公新書1095）中央公論新社 1992年
アントニー・ワイルド（著）, 三角 和代（翻訳）『コーヒーの真実: 世界中を虜にした嗜好品の歴史と現在』白揚社 2011年
小澤 卓也『コーヒーのグローバル・ヒストリー: 赤いダイヤか、黒い悪魔か』ミネルヴァ書房 2010年
UCCコーヒー博物館 『図説 コーヒー』河出書房新社 2016年
ラルフ・S・ハトックス（著）, 斎藤 富美子・田村 愛理（翻訳）『コーヒーとコーヒーハウス: 中世中東における社交飲料の起源』同文舘出版 1993年
ゴルドーニ（著）, 平川 祐弘（翻訳）『珈琲店・恋人たち 』岩波書店 2013年
ローラ・ワイス（著）, 竹田 円（翻訳）『アイスクリームの歴史物語（お菓子の図書館）』原書房 2012年
プリニウス（著）, 中野 定雄ほか（翻訳）『プリニウスの博物誌（全3巻）』雄山閣出版 1986年
宇治谷 孟（翻訳）『日本書紀（上）全現代語訳』（講談社学術文庫833）講談社 1988年
Ibn Abi Usaibia, *History of Physicians*, http://www.tertullian.org/fathers/index.htm#Ibn_Abi_Usaibia
ジャンバッティスタ・デッラ・ポルタ（著）, 澤井 繁男（翻訳）『自然魔術』（講談社学術文庫2431）講談社 2017年
Elizabeth David, “Fromages Glacés and Iced Creams”, *Petits Propos Culinaires 2*, pp. 23-35, Totnes, 1979.
長尾 健二（著）『歴史をつくった洋菓子たち: キリスト教、シェイクスピアからナポレオンまで』築地書館 2017年
Franz Maier-Bruck, *Klassische Österreichische Küche*, Weyarn, 2003.
ヘザー・デランシー・ハンウィック（著）, 伊藤 綺（翻訳）『ドーナツの歴史物語（お菓子の図書館）』原書房 2015年
大槻 真一郎『『サレルノ養生訓』とヒポクラテス: 医療の原点』コスモスライブラリー 2017年
ジュヌヴィエーヴ・グザイエ（著）, 久木田 直江（監訳）, 柴田 里芽（翻訳）『ひみつの薬箱: 中世装飾写本で巡る薬草の旅』グラフィック社 2019年
ヒッポクラテス（著）, 大槻 真一郎（翻訳）『ヒポクラテス全集』（全3巻）産学社エンタプライズ出版部 1985年

歴史的料理書

井原 西鶴（著）, 矢野 公和ほか（訳注）『日本永代蔵: 全訳注』（講談社学術文庫2475）講談社 2018年
Terence Scully, *The Opera of Bartolomeo Scappi (1570): L'arte et prudenza d'un maestro cuoco (The Art and Craft of a Master Cook)* , Toronto, 2011.
Bartolomeo Scappi, *Opera di Bartolomeo Scappi*, Venezia, 1570.

Cassell & Company, *Cassell's Dictionary of Cookery: Containing about Nine Thousand Recipes*, London, 1892.
Charles Placardi, *Le Maitre italien, ou la Grammaire de Veneroni*, Basel, 1752.
François Pierre de la Varenne, *Cuoco Francese*, Venezia, 1781.
Giovanni Tomaso Castelli, *Herrn von Veneroni: Italiänisch- Französisch- und Teutsche Grammatica, oder Sprach-Meister*, Frankfurt und Leipzig, 1760.
Vincenzo Corrado, *Il Cuoco Galante*, Napoli, 1793.
Francesco Leonardi, *Apicio Moderno*, Roma, 1808.
Vincenzo Agnoletti, *La Nuova Cucina Economica*, Milano, 1819.
Angelo Brofferio, *I Miei Tempi vol. 20*, Torino, 1861.
Ignaz Gartler, *Allgemein bewährtes Wiener Kochbuch in zwanzig Abschnitten*, Wien,1828.
Virginio Soncini , *Appendice alla Proposta di alcune correzioni ed aggiunte al Vocabolario della crusca*, Milano,1826.
Conquistatore Anonimo, *La Relazione d'alcune cose della Nuova Spagna e della gran città di Temestitan Messico* , Venezia, 1556.
Antonio Colmenero de Ledesma, *Chocolata Inda: Opusculum de qualitate et naturâ chocolatæ*, Nuremberg, 1644.
Francesco Redi, Leigh Hunt (trans.), *Bacchus in Tuscany, a Dithyrambic Poem, from the Italian of Francesco Redi, with Notes Original and Select*, London, 1825.
R. G., *The Lady's Delight, or Accomplish'd Female Instructor: Being a very useful Companion for Ladies, Gentlewomen, and Others.*, London, 1704.
Christopher Grocock & Sally Grainger, Dan Shadrake (illustration), *Apicius*, Totnes, 2006.
The master cooks of King Richard II, *The Forme of Cury*, c.1390.
Le Ménagier de Paris, Paris,1393.
Rupert de Nola, *Libre del Coch*, Barcelona, 1520.
Thomas Dawson, *The Good Housewife's Jewel*, London,1585.
Gervase Markham, *The English Huswife*, London,1615.
Mary Eales, *Mrs. Mary Eales's Receipts*, London, 1733.
Neuestes Universal- oder grosses Wiener Kochbuch, Wien, 1827.
Kuchemeisterey, Nuremberg, 1485.
Marx Rumpolt, *Ein new Kochbuch*, Frankfurt a. M., 1581.

Special Thanks

◇監修

白沢達生　（翻訳家＆ライター・音盤行商人）［第1〜10章，史料翻訳］

大塚 萌　（千葉大学・早稲田大学非常勤講師・「サリエリ読むゼミ」広報）［第1，2，5，8章，史料翻訳］

増井洋介　（東洋大学大学院博士前期課程修了）［第4，5，7，9章］

繻 鳳花　（コストマリー事務局主宰・中世西欧料理研究家）［第1，7章］

◇料理撮影・レシピ監修

小川涼子　（料理写真家、フードコーディネーター）

◇なんもしなかった

レンタルなんもしない人　（『レンタルなんもしない人』サービス提供）

著者略歴

遠藤雅司《えんどうまさし》（音食紀行）

歴史料理研究家。世界各国の歴史料理を再現するプロジェクト「音食紀行」主宰。著書に『歴メシ！ 世界の歴史料理をおいしく食べる』（柏書房）、『英雄たちの食卓』（宝島社）。

「音食紀行」公式サイト　http://onshokukiko.com/wpd1/

宮廷楽長《カペルマイスター》サリエーリのお菓子な食卓

時空を超えて味わうオペラ飯《メシ》

2019年11月26日 初版 第1刷 発行

著者　遠藤雅司（音食紀行）
発行者　神田 明
発行所　株式会社 春秋社
〒101-0021 東京都千代田区外神田2-18-6
電話 03-3255-9611 振替 00180-6-24861
http://www.shunjusha.co.jp/

印刷・製本　萩原印刷 株式会社
ブックデザイン　野津明子（böna）

Printed in Japan

ISBN 978-4-393-48525-5 C0022　定価はカバー等に表示されています